FUNDAMENTAL SPOKEN CHINESE

Exercise Book

MARGARET LEE, JIAYAN LIN, AND ROBERT SANDERS

UNIVERSITY OF HAWAI'I PRESS

HONOLULU

Library of Congress Cataloging-in-Publication Data

Names: Lee, Margaret Soo Kiak, author. | Lin, Jiayan, author. |
   Sanders, Robert, author.

Title: Fundamental spoken Chinese : exercise book / Margaret Lee, Jiayan
   Lin, Robert Sanders.

Description: Second edition. | Honolulu : University of Hawai'i Press,
   [2024] | In English and Mandarin Chinese.

Identifiers: LCCN 2023032821 | ISBN 9780824894122 (trade paperback)

Subjects: LCSH: Chinese language—Spoken Chinese—Textbooks for foreign
   speakers—English. | Chinese language—Spoken Chinese—Problems,
   exercises, etc.

Classification: LCC PL1074.8 .L44 2024 | DDC 495.183/421—dc23/eng/20231204

LC record available at https://lccn.loc.gov/2023032821

University of Hawai'i Press books are printed on acid-free paper and meet the guidelines for permanence and durability of the Council on Library Resources.

Cover art by Libellule/Shutterstock.com. Cover design by Mardee Melton.

FUNDAMENTAL SPOKEN CHINESE

Brief Contents

Contents

Note on Online Content

Audio, exercise model answers, and other resources for *Fundamental Spoken Chinese* may be accessed at www.fundamentalchinese.com or by using the QR code below.

1 Pronunciation and Romanization

DAY 2: INITIALS/FINALS/TONES (1) EXERCISES

[1]. Add the correct initial according to the sounds your instructor makes.

a. _____ī   "to kick"   g. _____ǎ   "to hit"

b. _____āng "to help"   h. _____àn   "to see"

c. _____ān   "to be dry"   i. _____āo   "knife"

d. _____áo   "peach"   j. _____àng "to be fat"

e. _____ài   "to bring"   k. _____ī   "to be low"

f. _____ēi   "black"   l. _____óng "dragon"

[2]. Place the proper tone mark over the vowel.

a. ba   "to pull out"   f. ti   "body"

b. pai   "to send sb."   g. la   "to pull"

c. mao   "cat"   h. nai   "to endure"

d. dang "political party"   i. tong "be painful"

e. bi   "pen"   j. dan   "to be weak (of taste or color)"

[3]. Read each of the following syllables out loud.

a. dāng   f. táo
b. nào   g. fǎng
c. bǎi   h. mǐ
d. fá   i. pán
e. lì   j. māo

[4]. Add the correct final according to the sounds your instructor makes, together with the correct tone marks.

a. b _____ "to be full"

b. p _____ "to run"

c. m _____ "harvested, uncooked rice"

d. f _____ "cooked rice"

e. d _____ "unharvested rice"

f. p _____ "skin"

g. t _____ "to be scalding hot"

h. h _____ "to be good"

i. n _____ "to be difficult"

j. l _____ "to be old"

k. b _____ "to be white"

l. m _____ "mother"

m. l _____ "dragon"

n. p _____ "fear"

[5]. Write out the correct *Hànyǔ Pīnyīn* spelling for each of the syllables you hear, placing the correct tone mark over the correct letter.

a. _____ "to place"

b. _____ "inside"

c. _____ "100"

d. _____ "mud"

e. _____ "wolf"

f. _____ "charcoal"

g. _____ "body hair"

h. _____ "he; she; it"

i. _____ "egg"

j. _____ "to crawl"

k. _____ "understand"

l. _____ "black"

DAY 3: INITIALS/FINALS/TONES (2) EXERCISES

[1]. Read out loud each of the following disyllabic words.

a. fàngxué

b. qiēduàn

c. chuāndá

d. rènpíng

e. jiāojuǎn

f. chōu kòng

g. zhuóshǒu

h. shàngrèn

i. ránshāo

j. qízhì

[2]. Add the correct initial to each member of the two-syllable word.

a. _____īng_____ǐ   "manager"

b. _____áng_____uǎn "length"

c. _____ǎn_____íng   "emotion"

d. _____ǎo_____ì   "exam"

e. _____í_____uài   "strange"

f. _____ā_____īn   "pronunciation"

g. _____ān_____ǎo "guarantee"   i. _____iǎ_____uāng "to pretend"

h. _____iǎo_____uō "fictional writing" j. _____ī_____uài "a cricket"

[3]. Place the correct tone mark over the proper letter of each syllable word.

a. li fa   "to get a haircut"   f. guo jie   "to celebrate a holiday"

b. li fa   "to legislate"   g. xi wan   "to wash dishes"

c. kan shu   "to read"   h. xi wan   "to finish washing"

d. kan shu   "to chop trees"   i. laoshi   "teacher"

e. guo jie   "to cross the street"   j. laoshi   "honest"

[4]. Add the correct final to each member of the two-syllable word, together with the correct tone mark.

a. b_____sh_____ "to indicate"   f. l_____t_____ "camel"

b. j_____j_____ "economy"   g. F_____j_____ "Buddhism"

c. sh_____l_____ "to consult"   h. Y_____g_____ "England"

d. x_____h_____ "joke"   i. b_____k_____ "to contain"

e. q_____k_____ "situation"   j. s_____j_____ "the world"

[5]. Read out loud each of the following words containing a neutral-tone syllable.

a. wàitou   "outside"   f. xǐhuan   "to like (to)"
b. zhī.dào   "to know (a fact)"   g. píqi   "disposition"
c. kànguo   "have already seen" h. gàosu   "to inform"
d. dìdi   "younger brother"   i. jiějie   "older sister"
e. chī de   "food"   j. bōli   "glass"

[6]. Read out loud each of the following words that contain two tone 4 syllables.

a. jìlù   "to keep minutes"   f. ruòshì   "if"
b. dàgài   "probably"   g. qiènuò   "overcautious"
c. rìbào   "daily paper"   h. mìnglìng "command"
d. pàomò   "foam"   i. guàlì   "wall calendar"
e. fàn bìng   "to have a relapse" j. qìngzhù   "to celebrate"

[7]. Write out the correct *Hànyǔ Pīnyīn* spelling for each of the words you hear, placing the correct tone marks over the correct letters.

a. _____ "vacation"   f. _____ "nature"

b. _____ "goldfish"   g. _____ "ambition"

c. _____ "cashew"   h. _____ "rashly"

d. _____ "size"   i. _____ "roast duck"

e. _____ "get on the bed" j. _____ "power"

DAY 5: FINALS -IU, -UI, -UN EXERCISES

[1]. Read out loud each of the following disyllabic words.

a. lùshī   f. jūnduì   k. rèqíng
b. mǎlù   g. běifāng   l. rìzi
c. lúnliú   h. yíngjiē   m. èrshí
d. kùnnan   i. lóutī
e. yúnhǎi   j. luòyè

[2]. Write out the correct *Hànyǔ Pīnyīn* spelling for each of the words you hear, placing the correct tone marks over the correct letters.

a. _____ "woman, female"   g. _____ "oral exam"

b. _____ "to make efforts"   h. _____ "country"

c. _____ "stick"   i. _____ "hot spring"

d. _____ "to search, look for" j. _____ "normal"

e. _____ "airplane"   k. _____ "secondhand goods"

f. _____ "to cut into"

2

Nǐmen máng ma?
你们忙吗?

SUBSTITUTION EXERCISES

[1]. Basic word order (subject-verb-object)

Wǒmen mǎi <u>shū</u>. → bào
New sentence: Wǒmen mǎi <u>bào</u>.

    a. bǐ_____

    b. zhèige _____

    c. nèige _____

[2]. Subjects in SVO

<u>Wǒmen</u> mǎi shū. → Tāmen.
New sentence: <u>Tāmen</u> mǎi shū.

a. nǐmen _____

b. nǐ _____

c. wǒ _____

d. tā _____

[3]. Subject–stative verb (S-SV)

Zhèige hěn piányi. → hǎo
New sentence: Zhèige hěn hǎo.

a. guì _____

b. xiǎo _____

c. dà _____

[4]. *Ma* questions

Wǒmen mǎi shū. → bào
Tóngxué A: Nǐmen mǎi bào ma?
Tóngxué B: Mǎi (bào). (Wǒmen mǎi bào.)

a. bǐ _____

_____

b. zhèige _____

_____

c. nèige _____

_____

[5]. Negative answers

Nǐmen mǎi shū ma?
Bù mǎi (shū). (Wǒmen bù mǎi shū.) → bào
New Question: Nǐmen mǎi bào ma?
Bù mǎi (bào). Wǒmen bù mǎi (bào).

a. bǐ _____

b. zhèige _____

c. nèige _____

Zhèige hěn hǎo ma?
Bù hǎo. (Zhèige bù hǎo.) → piányi
New Question: Zhèige hěn piányi ma?
Bù piányi. (Zhèige bù piányi.)

a. guì _____

b. xiǎo _____

c. dà _____

[6]. The use of the question word *shénme*

Tā kàn <u>shénme</u>? → shū.
New sentence: Tā kàn <u>shū</u>.

a. bào _____

b. bǐ _____

c. zhèige _____

d. nèige _____

<u>Shénme</u> guì? → shū
New sentence: <u>Shū</u> hěn guì.

a. bǐ _____

b. zhèige _____

c. nèige _____

d. bào _____

Do the same drill, substituting another SV such as *dà* or *xiǎo* for *guì*.

a. bǐ _____

b. zhèige _____

c. nèige _____

d. bào _____

[7]. Questions with *ne*

Nǐ mǎi shū ma?
Tóngxué A: Mǎi. Nǐ <u>ne</u>?
Tóngxué B: Wǒ yě mǎi shū.

a. kàn bào _____

b. kàn shū _____

c. mǎi nèige _____

d. kàn zhèige _____

e. mǎi bào _____

f. mǎi bǐ _____

g. kàn nèige _____

Shū guì ma? → bǐ
Tóngxué A: Shū hěn guì. <u>Bǐ</u> ne?
Tóngxué B: Bǐ yě hěn guì.

a. Nèige hǎo ma? → zhèige _____

_____

b. Zhèige guì ma? → nèige _____

_____

c. Bào piányi ma? → shū _____

_____

d. Shū xiǎo ma? → bǐ _____

_____

e. Nǐ máng ma? → tā _____

_____

f. Tā hěn máng ma? → lǎoshī _____

_____

GRAMMAR/VOCABULARY EXERCISES

[1]. Change these sentences into questions.

a. Wǒ kàn shū. _____

b. Wǒmen kàn bào. _____

c. Tā mǎi bǐ. _____

d. Tāmen bù mǎi shū, yě bù mǎi bǐ. _____

[2]. Lead students to read out several cards with learned vocabulary, then divide them into groups of three and give each group several cards (give them one minute to prepare).

a. The teacher prepares cards with learned vocabulary with a picture to illustrate each item.

b. Students are to be divided into groups of three. Give each group several cards.

c. Assign each group a leader. The lead student in each group then reads out learned vocabulary to students of their group.

d. Students then take turns reading the cards aloud.
e. After each group has mastered the pronunciation, ask them to make sentences based on the vocabulary that they have just practiced.
f. Share the new sentences they have made with the class if time permits.

TASK-BASED ACTIVITIES

COMPLETING A DIALOGUE

Pre-task:
1. The teacher introduces the task.
2. Warm-up exercises: review key vocabulary/grammar structures

Grammar structures:
   a. Basic word order: Subject-Verb-Object, e.g. Wǒ kàn bào.
   b. Yes-no questions with final particle *ma*, e.g. Nǐmen kàn shū ma?
   c. Question word questions, e.g. Nǐ mǎi shénme?
   d. Stative Verbs (SV), e.g. Nǐ máng ma? Wǒ hěn máng. / Wǒ bù máng.
   e. Noun plus *ne*, e.g. Wǒmen hěn hǎo. Lǎoshī ne?

(Note: For warm-up exercises, the teacher may choose some of the earlier exercises for students to practice.)

Task:
1. Work in pairs.
2. Complete the following dialogue:

A: Nǐ hǎo!

B: _____!

A: Nǐ mǎi shū ma?

B: _____ bào. Nǐ ne?

A: _____ bǐ.

B: Bǐ guì ma?

A: Bǐ hěn guì. _____?

B: Bào hěn piányi.

A: Tā mǎi _____?

B: Tā mǎi shū, yě mǎi bào.

A: _____?

B: Shū bú guì, yě bù piányi. Nǐ kàn _____ ma?

A: Wǒ kàn shū.

Report:

1. Students present their completed dialogue pair by pair in class.
2. For each presentation, the rest of the students need to listen and write down a Chinese summary in two or three sentences. Alternatively, if time is not sufficient for everyone to do a presentation, the teacher may instead choose two or three pairs to present their dialogue in class.
3. Ask some of the students to present their summary verbally in class.

_____

_____

_____

_____

DIALOGUE TRANSLATION

Pre-task:

1. The teacher introduces the task.
2. Warm-up exercises: review key vocabulary/grammar structures

   Grammar structures:
   a. Basic word order: Subject-Verb-Object, e.g. Wǒ kàn bào.
   b. Yes-no questions with final particle *ma*, e.g. Nǐmen kàn shū ma?
   c. Question word questions, e.g. Nǐ mǎi shénme?
   d. Stative Verbs (SV), e.g. Nǐ máng ma? Wǒ hěn máng. / Wǒ bù máng.
   e. Noun plus *ne,* e.g. Wǒmen hěn hǎo. Lǎoshī ne?

(Note: For warm-up exercises, the teacher may choose some of the earlier exercises for students to practice.)

Task:

1. Work in pairs.
2. Translate the following dialogue into Chinese:

A: Xiǎoyí, good morning! _____

B: Xiǎoguì, good morning! Are you busy? _____

A: I am OK (Good enough). How about you? _____

B: I am not busy. Do you buy this one? _____

A: No. I buy that one. _____

B: That one is expensive, not good. This is good. _____

A: That one is big._____

B: This one is small. It is cheap. _____

A: This one is small, I am not buying. I buy that one. How about you? _____

_____

B: This one is good, I buy this one._____

A: OK. I buy that one, you buy this one. _____

B: OK. Goodbye. _____

A: Goodbye. _____

Report:

After students have completed the translation

1. Ask one or two pairs to read aloud the dialogue in Chinese.
2. Ask students to pick up any error(s).
3. Read the translation dialogue again after correcting any errors. The remaining students need to listen to the dialogues carefully and write down the summary in Chinese in two or three sentences.
4. Ask one or two students to present his or her summary verbally in class.

_____

_____

_____

_____

ROLE PLAY

Pre-task:

1. Stick price tags on items such as books, pens, and newspapers.
2. Using pictures containing multiple items:
   a. Use *zhèige* and *nèige* and at least one SV to say something about each item.
   b. Ask and answer questions based on each item.

Task:

1. Work in a group of three. You are going to buy a book/pen/newspaper, and then meet your friend at a shop. You two greet each other and ask a few questions about each other. Then talk about the best choice of book/pen/newspaper you and your friend are going to buy. Find out from a salesperson which books, pens, and newspapers are expensive and which are inexpensive. Ask about the quality and the size. Use words like *guì, piányi, hǎo, dà, xiǎo, zhèige,* and *nèige.*
2. Write a dialogue in Chinese based on the situation.

_____

_____

_____

_____

_____

_____

_____

_____

_____

_____

_____

Report:

After the students have completed creating the role play

1. Ask one or two groups to read aloud or act out the dialogue in Chinese.
2. Ask students to pick out any errors.
3. Read or act out the dialogue and roles again after correcting any errors. The rest of the class needs to listen to the dialogues carefully and write down a summary in two or three Chinese sentences.
4. Ask one or two students to present their summary verbally in class.

_____

_____

_____

_____

DIALOGUE EXERCISES

[1]. Practice Dialogues 1 and 2 with your partner. Replace the names in the dialogue with your own names.

[2]. Complete the following sentences according to the contents of the relevant dialogues.

DIALOGUE 3

a. <u>Xiǎoyí</u> mǎi _____.

b. Zhèige _____, _____, _____ .

c. Nèige _____, _____.

DIALOGUE 4

a. <u>Tóngxué A</u> kàn _____.

b. <u>Tóngxué B</u> kàn _____, _____.

c. <u>Tóngxué C</u> _____, _____.

DIALOGUE 5

a. <u>Xiǎoyí</u> _____, mǎi _____.

b. Shū _____.

c. Bǐ _____ .

TRANSLATION

1. Are pens expensive?

   _____

2. What isn't expensive?

   _____

3. What are they buying?

   _____

4. Good morning! What are you looking at?

   _____

5. Newspapers are very expensive; I'm not buying a newspaper.

    _____

6. Are you very busy?

    _____

7. I'm looking at this one. What about you?

    _____

8. I don't read books or newspapers.

    _____

9. Pens are cheap; books are not.

    _____

10. They are buying books, not pens.

    _____

11. Do you read newspapers?

    _____

12. This is very expensive; that is cheap.

    _____

13. Is he very busy?

    _____

14. Students are fine; they are not busy.

    _____

15. Are the teachers buying books?

    _____

3

SUBSTITUTION EXERCISES

[1]. To be: Stative verbs

Tā hěn <u>máng</u>.

→ hǎo

New sentence: Tā hěn <u>hǎo</u>.

a. dà _____

b. xiǎo _____

c. hǎokàn _____

d. gāo _____

e. ǎi _____

Repeat the drill, using the negative *bù*.

a. dà _____

b. xiǎo _____

c. hǎokàn _____

d. gāo _____

e. ǎi _____

[2]. To be: Nouns with *shì*

Tā shì <u>Měiguó</u> rén.
→ <u>Zhōngguó</u> rén.
New sentence: Tā shì <u>Zhōngguó</u> rén.

a. xuésheng _____

b. lǎoshī _____

c. <u>Rìběn</u> rén _____

d. <u>Hánguó</u> rén _____

e. wǒ de tóngxué _____

f. nǐ de péngyou _____

Repeat the drill, using the negative *bù*.

a. xuésheng _____

b. lǎoshī _____

c. <u>Rìběn</u> rén _____

d. <u>Hánguó</u> rén _____

e. wǒ de tóngxué _____

f. nǐ de péngyou _____

[3]. *Ma* questions: With *shì*

Tā shì <u>Měiguó</u> rén ma? → (*Nods.*)
New sentence: Tā shì <u>Měiguó</u> rén.

a. Tā shì lǎoshī ma?

_____

b. Zhè shì qiānbǐ ma?

_____

c. Nǐmen shì xuésheng ma? (*Answer with* *wǒmen.*)

_____

d. Nǐ yě shì xuésheng ma? (*Answer in negative, with* *wǒ.*)

_____

e. Tā shì <u>Hánguó</u> rén ma?

_____

f. Nín shì tā de lǎoshī ma? (*Answer with* *wǒ.*)

_____

[4]. V-not-V questions: With *shì*

Nǐ shì bu shì <u>Zhōngguó</u> rén? → (*Nods.*)
New sentence: Wǒ shì <u>Zhōngguó</u> rén.

a. Tā shì bu shì <u>Měiguó</u> rén? _____

b. Zhè shì bu shì qiānbǐ?_____

c. Nǐmen shì bu shì xuésheng? (*Answer with* *wǒmen.*)

_____

d. Tā shì bu shì <u>Hánguó</u> rén? _____

e. Zhè shì bu shì máobǐ?_____

f. Tā shì bu shì <u>Rìběn</u> rén?_____

[5]. V-not-V questions: With stative verbs and other verbs

Tā xǐhuan bu xǐhuan nǐ?
→ (*Shakes head.*) New sentence: Tā bù xǐhuan wǒ.

a. Tāmen máng bu máng?

_____

b. Máobǐ guì bu guì?_____

c. Lǎoshī gāo bu gāo? _____

d. Tā mǎi bu mǎi máobǐ?_____

e. Nǐ de péngyou xǐhuan bu xǐhuan kàn zázhì? _____

[6]. Tag questions
Attach a proper tag to the following statements to make them into tag questions.
Answer each tag question in the affirmative and then in the negative.

Wǒ kànkan nǐ de shū.
New sentence: Wǒ kànkan nǐ de shū, hǎo bu hǎo?
→ (*Nods.*)

New sentence: Hǎo.
or
→ (*Shakes head.*) New sentence: Bù xíng.

a. Wǒ de <u>Rìběn</u> péngyou bù gāo. _____

_____

_____

b. Zhè shì wǒ de bǐ. _____

_____

_____

c. Tā shì nǐ de hǎo péngyou._____

_____

_____

d   Tā shì <u>Měiguó</u> rén. _____

_____

_____

e. Nǐ de shū hěn piányi. _____

_____

_____

f. Wǒ kànkan nǐ de zázhì._____

_____

_____

[7]. Names/naming

Practice saying your name in Chinese.

a. Nín guìxìng?

Wǒ xìng _____

b. Tā xìng shénme?

Tā xìng _____

c. Nǐ jiào shénme míngzi?

Wǒ jiào _____

d. Tā jiào shénme míngzi?

Tā jiào _____

Use this pattern with each student in the class.

[8]. Choice question

Lǎoshī: Nǐ mǎi <u>Měiguó</u> zázhì háishi <u>Zhōngguó</u> zázhì?

Xuésheng: Wǒ mǎi <u>Měiguó</u> zázhì, wǒ bù mǎi <u>Zhōngguó</u> zázhì.

a. yǒu qiānbǐ, máobǐ _____

_____

b. xǐhuan zhèige, nèige _____

_____

c. shì <u>Hánguó</u> rén, <u>Zhōngguó</u> rén _____

_____

d. yào zázhì, shū _____

_____

e. gāo, ǎi _____

_____

f. yǒu qián, méi.yǒu qián _____

_____

g. tā de péngyou, tā de lǎoshī _____

_____

GRAMMAR/VOCABULARY EXERCISES

[1]. Complete the following sentences.

a. Nǐ shì _____ rén háishi _____ rén?

b. Tā shì _____ rén háishi _____ rén?

c. Zhè shì _____ háishi _____?

d. Nà shì _____ háishi _____?

[2]. Answer the following questions in Chinese.

a. Nǐ shì <u>Měiguó</u> (<u>Zhōngguó</u>, <u>Hánguó</u>) rén ma? _____

b. Nǐ shì něi guó rén? _____

c. Tā shì nǐ de tóngxué ma? _____

d. Nǐ de tóngxué shì něi guó rén? _____

e. Nǐ mǎi shū háishi mǎi zázhì? _____

f. Nǐ máng bu máng? _____

g. Tā máng bu máng? _____

h. Tā mǎi bǐ háishi mǎi bào? _____

i. Nǐ mǎi bu mǎi bǐ? _____

j. Bǐ guì bu guì? _____

k. Tā shì nǐ de lǎoshī ma? _____

l. Nǐ de lǎoshī shì <u>Rìběn</u> rén ma? _____

Working in pairs, ask similar questions of each other.

[3]. Complete the following tag questions. Then work in pairs for questions/answers.

a. Nǐ de tóngxué shì lǎoshī, _____?

b. Zhōngguó rén xǐhuan máobǐ, _____?

c. Nèige rén hěn ǎi, _____?

d. Tā xìng Wáng, _____?

e. Měiguó zázhì hěn hǎokàn, _____?

f. Wǒ kànkan nǐ de Rìběn shū, _____?

g. Lǎoshī de péngyou shì Měiguó rén, _____?

[4]. Change the following statements into different types of questions.

a. Tā hěn xǐhuan kàn Hánguó zázhì._____

  _____

  _____

b. Lǎoshī yǒu Zhōngguó bào. _____

  _____

  _____

c. Wǒ yào mǎi qiānbǐ._____

  _____

  _____

d. Wáng lǎoshī de tóngxué jiào Měimei. _____

  _____

  _____

CLASSROOM ACTIVITIES

[1]. Each student introduces themself to a classmate in Chinese. They then politely ask for the classmate's full name.

[2]. Each student asks a classmate who they are, their nationality, what they like and dislike. Each question must be answered as truthfully as possible.

[3]. The instructor brings in pictures of famous people. Each student then asks another to identify the people, practicing the pattern *"Tā shì shéi?" "Tā jiào shénme míngzi?"* Names in English are acceptable.

[4]. Using the same pictures as in Activity 3, ask the following questions of a classmate.

Tā shì bu shì xuésheng?

Tā shì lǎoshī ma?

Tā shì xuésheng ma?

Tā shì něi guó rén?

[5]. Ask a classmate how to call or name something in Chinese or in English. Use the following patterns:

Zhèige Zhōngwén jiào shénme?

Nèige Yīngwén jiào shénme?

[6]. Each student takes out an object belonging to them (pen, pencil, Chinese book, magazine, newspaper). They then declare *"Zhè shì wǒ de X"* before placing the object on the table in front of the class. After everyone has done this, the teacher picks up items at random, asking *"Zhè shì shénme?"* for the class to answer. Then individual students are asked: *"Zhè shì shéi de X?"*

[7]. Pair up with one of your fellow classmates and ask the following questions in Chinese:

Qǐngwèn, nǐ jiào shénme míngzi?

Qǐngwèn, nǐ shì něi guó rén?

Wǒ shì (<u>Xīnxīlán</u> rén, <u>Zhōngguó</u> rén, <u>Hánguó</u> rén, <u>Měiguó</u> rén, <u>Rìběn</u> rén, etc.)

Nǐ yǒu <u>Zhōngguó</u> péngyou ma?

(If yes) Nǐ de <u>Zhōngguó</u> péngyou jiào shénme míngzi?

Report what you have found out from your partner to the whole class. All conversations have to be conducted in Chinese.

TASK-BASED ACTIVITIES

GAME

Pre-task:

1. The teacher introduces the topic and the task.
2. Each student writes their Chinese name in Pinyin on a large piece of paper.
3. Warm-up exercise: Each student introduces themself by saying their name and nationality loudly and clearly to the rest of the class. The teacher may divide the class into small groups so that students can familiarize themselves with each other's names before the game starts.

Task:

Divide students into small groups if the class is too big for students to remember all the names and nationalities.

The teacher blindfolds a student and asks the rest of the members of the group to take turns asking the question "Wǒ shì shéi?"

The blindfolded student responds by asking "Nǐ shì bu shì X? / Nǐ shì X, duì ma?"

If correct, the student in question answers, "Duì le! Wǒ shì X."

If incorrect, then the student responds by saying "Bú duì! Wǒ bú shì X."

The blindfolded student then takes another guess.

If still incorrect, then the student responds, "Bú duì! Wǒ yě bú shì X. Wǒ shì X."

The rest of the students take turns asking the second question, "Wǒ shì něi guó rén?"

The blindfolded student responds by asking "Nǐ shì bu shì X rén?/Nǐ shì X rén, duì ma?"

If correct, the student in question answers, "Duì le! Wǒ shì X rén."

If incorrect, then the student responds, "Bú duì! Wǒ bú shì X rén. / Duì le!

Wǒ shì X rén."

The game should continue until all students have a chance to be blindfolded.

After all students have taken their turns, each student then counts their number of correct guesses.

The student who has the most correct guesses will be the winner.

TRANSLATION EXERCISE

Pre-task:

1. The teacher introduces the topic and task.
2. Warm-up exercises: review key vocabulary/grammar structures.

Grammar structures:

a. Noun 1 + *shì* + Noun 2, e.g. Tā shì shéi? Zhè shì wǒ de zázhì.

b. "To be or not to be": That is a (choice) question! E.g. Nǐ shì bu shì <u>Hánguó</u> rén?

c. Tag questions: Wǒ kànkan nǐ de zázhì, hǎo ma? Nǐ shì <u>Rìběn</u> rén, shì bu shì?

d. Choice Question: Tā shì nǐ de péngyou háishi nǐ de lǎoshī?

e. Possession *de*: Owner-*de*-thing; owner-*de*

f. Verbal reduplication: *kànkan*

Useful sentences:

Two ways to specifically ask a person's surname:

a. Nín guìxìng? (polite)

b. Nǐ xìng shénme? (neutral)

Response to either question: Wǒ xìng X.

c. Ask a person's name using jiào

Nǐ jiào shémme míngzi?

Response to the question:

i. Wǒ jiào Tom. or

ii. Wǒ xìng Smith, jiào Tom.

d. Asking a person's nationality

Nǐ shì něi guó rén?

(Note: For a warm-up exercise the teacher may choose some of the earlier substitution exercises for students to practice.)

Task:

1. Work in a group of three.
2. Translate the following dialogue into Chinese:

Teacher Wang:	Hello!
Teacher Qian:	Hello! Are you a teacher?
Teacher Wang:	I am a teacher. What about you?
Teacher Qian:	I am also a teacher. Excuse me, what is your honorable surname?
Teacher Wang:	My surname is *Wang*. What about you?
Teacher Qian:	My surname is *Qian*. Is he your student?
Teacher Wang:	Yes. He is my student.
Teacher Qian:	Excuse me, what is his name?
Michael:	My name is Michael.
Teacher Qian:	Hello, Michael!
Michael:	*Qian Laoshi*, hello!
Teacher Qian:	What is your nationality?
Michael:	I am American.
Teacher Qian:	Do you buy books?
Michael:	No, I buy magazines. My teacher buys books.
Teacher Wang:	*Qian Laoshi*, do you also buy books?

Teacher Qian: Yes. I like to buy books and (I) also like to read books.

_____

Teacher Wang: I also like to read books.

_____

Michael: Teachers like to read books. I like to read magazines.

_____

Report:

After the students have completed the translation:

1. Ask one or two pairs (you may ask more if time permits) to read aloud the dialogue in Chinese.
2. Ask students to pick up any errors.
3. Read the translation dialogue again after correcting the errors, if any. The rest of the class needs to listen to the dialogues carefully and write down the summary in Chinese in two or three sentences.
4. Ask one or two students to present their summary verbally in class.

_____

_____

_____

_____

ROLE PLAY

Pre-task:

1. Each student introduces themself to a classmate in Chinese. The person then politely asks for the classmate's full name.

   Examples:
   a. Qǐngwèn, nín guìxìng?
      Wǒ xìng X.
   b. Qǐngwèn, nín jiào shémme míngzi?
      i. Wǒ jiào X. or
      ii. Wǒ xìng X jiào X.

2. Each student asks a classmate who they are, their nationality, what they like and dislike, who their friends are. Each question must be answered as truthfully as possible.

Examples:

a. Qǐngwèn, nǐ shì xuésheng ma?
b. Qǐngwèn, nǐ shì xuésheng háishi lǎoshī?
c. Qǐngwèn, nǐ shì něi guó rén?
d. Nǐ xǐhuan kàn shū ma?
e. Nǐ xǐhuan shénme?
f. Nǐ bù xǐhuan shénme?
g. Ní yǒu <u>Zhōngguó</u> péngyou ma?
   (If yes) Nǐ de <u>Zhōngguó</u> péngyou jiào shénme míngzi?

3. The instructor brings in pictures of famous people. Each student then asks another to identify the people, practicing the pattern *"Tā shì shéi?" "Tā jiào shénme míngzi?"* Names in English are acceptable.
4. Ask a classmate how to call or name something in Chinese or in English. Use the following patterns:

   Zhèige Zhōngwén jiào shénme?
   Nèige Yīngwén jiào shénme?

5. Each student takes out an object belonging to them (pen, pencil, Chinese book, magazine, newspaper). They then declare *"Zhè shì wò de X"* before placing the object on the table in front of the class. After everyone has done this, the teacher picks up items at random, asking *"Zhè shì shénme?"* for the class to answer. Then individual students are asked: *"Zhè shì shéi de X?"*

Task:
1. Work in pairs.
2. Imagine that you are a new student who just started to learn Chinese in a university in China.
3. In an orientation, you meet and talk to different people.
4. Write a dialogue recording the conversation between you and another student who has been studying Chinese for three months at the same university. Your conversation should include information such their name, nationality, what they like and dislike, etc. Additionally, you are very curious to find out how to say in Chinese such words as "pen", "pencil", "Chinese book", "magazine", "newspaper", etc. You also ask them to teach you how to say the objects in Chinese.

_____

_____

_____

_____

_____

_____

_____

_____

_____

_____

Report:

After all the students have completed their conversation:

1. Ask some of the students to report what you have found out from their partners to the entire class. Your report must also include what objects you have learned to say in Chinese.
2. All conversations have to be conducted in Chinese.

DIALOGUE EXERCISES

[1]. Practice each of the dialogues with your partner, replacing the names in the dialogue with your own names.

[2]. Answer the following questions according to the contents of the appropriate dialogue.

DIALOGUE 1

a. Tom xìng shénme? <u>Dàzhōng</u> xìng shénme?
b. Tom shì něi guó rén?
c. <u>Dàzhōng</u> shì <u>Rìběn</u> rén, duì bu duì?
d. <u>Dàzhōng</u> shì bu shì xuésheng?

General questions:

1. Nín guìxìng?
2. Nǐ shì něi guó rén?
3. Nǐ shì bu shì xuésheng?

DIALOGUE 2

a. Qiānbǐ guì háishi máobǐ guì?
b. <u>Xiǎo Gāo</u> mǎi qiānbǐ háishi máobǐ?

General questions:

1. Nǐ yǒu méi.yǒu máobǐ?
2. Nǐ yǒu méi.yǒu qiānbǐ?
3. Nǐ de qiānbǐ guì háishi máobǐ guì?

DIALOGUE 3

a. <u>Zhōngběn</u> shì něi guó rén?
b. <u>Zhōngběn</u> de péngyou jiào shénme míngzi?
c. <u>Yīngzǐ</u> shì něi guó rén?
d. <u>Yīngzǐ</u> gāo bu gāo?
e. <u>Xiǎohuān</u> gāo bu gāo?

General questions:

1. Nǐ yǒu <u>Rìběn</u> péngyou ma?
2. Nǐ yǒu <u>Hánguó</u> péngyou ma?

DIALOGUE 4

In groups, read the dialogue and act it out with props. Practice with your partner to form a similar dialogue.

General questions:

1. Zhè shì nǐ de shū ma?
2. Nǐ yǒu hǎokàn de shū ma?

DIALOGUE 5

In groups, read the dialogue and act it out with props. Practice with your partner to form a similar dialogue.

General questions:

1. Nǐ xǐhuan kàn zázhì, duì bu duì?
2. Nǐ xǐhuan kàn něi guó de zázhì?
3. Nǐ yǒu méi.yǒu měiyuán?

TRANSLATION

1. Who is he/she?

2. Excuse me, are you Chinese?

_____

3. Are you American?

_____

4. Are writing brushes expensive or cheap?

_____

5. This is my pencil; don't give it to her.

_____

6. Let me have a look at your magazine, OK?

_____

7. You like her very much, right?

_____

8. Is he your friend or her friend?

_____

9. My classmates are also my good friends.

_____

10. My last name is _Gao_, and his is _Qian_. What is yours?

_____

11. What is your honorable surname?

_____

12. My last name is _Xie_. I am called _Meimei_.

_____

13. What is your name? Mine is _Gao Shenghuan_.

_____

14. What country are you from? (What's your nationality?)

_____

4

Wǒ huì shuō Zhōngwén
我会说中文

SUBSTITUTION EXERCISES

[1]. Auxiliary verbs

Tāmen shuō Yīngwén. → yào
New sentence: Tāmen <u>yào</u> shuō Yīngwén.

a. xǐhuan _____

b. néng _____

c. huì_____

d. kěyǐ _____

e. ài_____

Repeat the drill, inserting the negation particle *bù*, and then change the sentences into V-not-V questions using auxiliary verbs.

a. xǐhuan _____

b. néng _____

c. huì_____

d. kěyǐ _____

e. ài_____

a. xǐhuan _____

b. néng _____

c. huì_____

d. kěyǐ _____

e. ài _____

[2]. Direct and indirect objects with the verb *jiāo*

Lǎoshī jiāo Hànyǔ. → xuésheng
New sentence: Lǎoshī jiāo xuésheng Hànyǔ.

a. tāmen

_____

b. Yīngguó rén _____

c. wǒmen _____

d. Měiguó rén _____

e. wǒ de péngyou _____

Repeat the drill, inserting the negation particle *bù*.

a. tāmen _____

b. Yīngguó rén _____

c. wǒmen _____

d. Měiguó rén _____

e. wǒ de péngyou _____

Next, repeat the drill with the verb *gěi*, using each of the following nouns to replace *Hànyǔ*.

Lǎoshī gěi xuésheng zázhì → bào
New sentence: Lǎoshī gěi xuésheng bào.

a. Yīngwén zázhì _____

b. qiānbǐ _____

c. diànshì _____

d. máobǐ _____

e. Zhōngwén shū _____

f. qián _____

[3]. The adverb *dōu* totalizing subjects

Xiǎo Wáng yǒu shū. Lánlan yě yǒu shū.
New sentence: Tāmen dōu yǒu shū.

a. Xiǎo Wáng kàn zázhì. Lánlan yě kàn zázhì.

_____

b. Xiǎo Wáng hěn máng. Lánlan yě hěn máng.

_____

c. Xiǎo Wáng yǒu qián. Lánlan yě yǒu qián.

_____

d. Xiǎo Wáng shì Měiguó rén. Lánlan yě shì Měiguó rén.

_____

e. Xiǎo Wáng huì shuō Yīngwén. Lánlan yě huì shuō Yīngwén.

_____

[4]. The adverb *dōu* totalizing objects

Tā yǒu shū. Tā yě yǒu bào.
New sentence: Shū, bào, tā dōu yǒu.

a. Tā mǎi qiānbǐ. Tā yě mǎi máobǐ.

_____

b. Tā huì kàn Zhōngwén shū. Tā yě huì kàn Yīngwén shū.

_____

c. Tā xǐhuan Zhōngguó rén. Tā yě xǐhuan Xīnxīlán rén.

_____

d. Tā huì shuō Yīngwén. Tā yě huì shuō Zhōngwén.

_____

e. Tā yǒu Xīnxīlán péngyou. Tā yě yǒu Hánguó péngyou.

_____

f. Tā yào kàn diànyǐng. Tā yě yào kàn diànshì.

_____

[5]. Use of *dōu*, *bùdōu*, and *dōubù* (*dōuméi*)

Wǒ yǒu zázhì.
Nǐ yǒu zázhì.
Tā yǒu zázhì.
New sentence: Wǒmen <u>dōu</u> yǒu zázhì.

Wǒ yǒu zázhì.
Nǐ yǒu zázhì.
Tā méi.yǒu zázhì.
New sentence: Wǒmen <u>bùdōu</u> yǒu zázhì.

Wǒ méi.yǒu zázhì.
Nǐ méi.yǒu zázhì.
Tā yě méi.yǒu zázhì.
New sentence: Wǒmen <u>dōu</u> méi.yǒu zázhì.

a.   Wǒ gěi tā qián. Nǐ gěi tā qián. Tā gěi tā qián.

_____

b.   Wǒ mǎi shū. Nǐ mǎi shū. Tā bù mǎi shū.

_____

c.   Wǒ bú huì shuō <u>Zhōngguó</u> huà. Nǐ bú huì shuō <u>Zhōngguó</u> huà. Tā bú huì shuō <u>Zhōngguó</u> huà.

_____

d.   Wǒ bú kàn diànyǐng. Nǐ bú kàn diànyǐng. Tā bú kàn diànyǐng.

_____

e.   Wǒ bù xǐhuan tā. Nǐ bù xǐhuan tā. Tā xǐhuan tā.

_____

GRAMMAR/VOCABULARY EXERCISES

[1]. Work in pairs to connect each of the questions in the left column to its correct answer on the right.

a.   Tā shì lǎoshī ma?   1. Bù, wǒ shì <u>Xīnxīlán</u> rén.
b.   Nǐ shì bú shì <u>Rìběn</u> rén?   2. Wǒ ài kàn <u>Měiguó</u> diànyǐng.
c.   Tāmen dōu huì shuō Hànyǔ ma?   3. Tā jiāo wǒmen Rìwén.
d.   Nǐ xǐhuan kàn shénme diànyǐng?   4. Bùdōu huì.

[2]. Complete each of the following sentences.

a. Wǒmen méi.yǒu wèntí, kěshì _____

b. Tā de Hànyǔ hěn hǎo, kěshì _____

c. Wǒ bù xīhuān mǎi <u>Zhōngguó</u> zázhì, kěshì _____

d. <u>Xiǎo Wáng</u> bù dǒng lǎoshī de huà, kěshì_____

TASK-BASED ACTIVITIES

DIALOGUE

Pre-task:

Before class:

The teacher prepares the following pictures and bring them to class:

Picture 1. A teacher is teaching students English.

Picture 2. A teacher is teaching a student how to write Chinese characters. The name of the student is *Wáng Dàguì*.

Picture 3. A teacher is giving a student a writing brush. The name of the student is *Gāo Xiǎoyí*.

In class:

1. The teacher introduces the task.
2. Warm-up exercises:

Grammar drills:

Substitution exercises 1, 2, and 5.

Task:
1. Work in pairs
2. Each pair will have a set of the three pictures
3. Picture 1, student A asks student B the following questions:
   a. Lǎoshī jiāo shéi shuō Hànyǔ?
   b. Xuésheng dōu huì shuō Hànyǔ ma?
   c. Xuésheng kěyǐ shuō Yīngyǔ ma?

   Student B answers the questions.

   a. _____

   b. _____

   c. _____

4. Picture 2, student A asks student B the following questions:
   a. Lǎoshī jiāo shéi xiě hànzì?
   b. <u>Wáng Dàguì</u> huì xiě hànzì ma?
   c. Jīntiān (today) <u>Wáng Dàguì</u> néng xiě hànzì ma?

   Student B answers the questions.

   a. _____

   b. _____

   c. _____

5. Picture 3, student A asks student B the following questions:
   a. Lǎoshī gěi <u>Gāo Xiǎoyí</u> shénme?
   b. <u>Gāo Xiǎoyí</u> huì xiě máobǐzì ma?
   c. Lǎoshī néng jiāo <u>Gāo Xiǎoyí</u> xiě máobǐzì ma?
   d. Wǒmen kěyǐ mǎi <u>Gāo Xiǎoyí</u> de máobǐ ma?

   Student B answers the questions.

   a. _____

   b. _____

   c. _____

   d. _____

Report:

After the students have completed the task:

1. Ask one or two pairs (you may ask more if time permits) to present their conversations in Chinese.
2. Ask students to pick out any errors.
3. The rest of the class needs to listen to the conversations carefully and write down the summary in Chinese in two or three sentences.
4. Ask one or two students to present their summary verbally in class.

ROLE PLAY

Pre-task:

1. Information about each role.

Role A:

Wǒ jiào <u>Wáng Dàzhì</u>.
Wǒ shì <u>Zhōngguó</u> rén.
Wǒ bù gāo yě bù ǎi.
Wǒ huì shuō Hànyǔ, yě huì shuō Yīngyǔ.
Wǒ bú huì shuō Rìyǔ.
Wǒ xǐhuan kàn diànyǐng, yě xǐhuan kàn diànshì.
Wǒ xǐhuan wèn wèntí, kěshi lǎoshī bù xǐhuan wǒ wèn wèntí.

Role B:

Wǒ jiào <u>Zhōngběn Yīyě</u>.
Wǒ shì <u>Rìběn</u> ren. Wǒ hěn gāo.
Wǒ huì shuō Rìyǔ, yě huì shuō Hànyǔ.
Wǒ bú huì shuō <u>Hánguó</u> huà, yě bú huì shuō Yīngyǔ.
Wǒ xǐhuan kàn shū, yě xǐhuan kàn zázhì.
Wǒ xǐhuan shuōhuà, kěshi wǒ bù xǐhuan wèn wèntí.

Role C:

Wǒ jiào Michael.
Wǒ shì <u>Xīnxīlán</u> rén.
Wǒ hěn gāo.
Wǒ zhǐ huì shuō Yīngyǔ.

Wǒ bú huì shuō Hànyǔ, kěshi wǒ huì xiě hànzi.
<u>Gāo</u> lǎoshī jiāo wǒ xiě hànzì.
Tā jiāo wǒ xiě "yī, èr, sān, sì, wǔ, liù, qī, bā, jiǔ, shí".
Wǒ bú ài shuōhuà, yě bù xǐhuan wèn wèntí.
Wǒ xǐhuan xiě hànzì.

Role D:

Wǒ jiào *Mi Yung.*
Wǒ shì <u>Hánguó</u> rén, yě shì <u>Yīngguó</u> rén.
Wǒ bù gāo.
Wǒ huì shuō Hányǔ, yě huì shuō Yīngyǔ.
Wǒ bú huì shuō Hànyǔ, yě bú huì shuō Rìyǔ.
Kěshi wǒ yào xué Rìyǔ, yě yào xué Hànyǔ.
Wǒ xǐhuan kàn diànyǐng, bù xǐhuan kàn diànshì.
Wǒ xǐhuan shuōhuà, yě xǐhuan wèn wèntí.
Tóngxuémen dōu shuō wǒ hěn hǎokàn.

Role E:

Wǒ jiào Anna.
Wǒ shì <u>Xīnxīlán</u> rén, yě shì <u>Yīngguó</u> rén.
Wǒ bù gāo yě bù ǎi.
Wǒ huì shuō Yīngyǔ, yě huì shuō Hànyǔ.
Wǒ huì xiě hànzì, kěshi bú huì xiě máobǐzì.
Wǒ méi.yǒu máobǐ.
Wǒ de Zhōngwén lǎoshī jiāo <u>Gāo Xiǎoyí</u>.
Tā hěn hǎokàn.
Tā shuō tā yào jaio wō xiě máobǐzi.
Tā yě yào gěi wǒ liǎng zhī máobǐ.
Wǒ xǐhuan wèn wèntí, kěshi <u>Gāo</u> lǎoshī bù xǐhuan wǒ wèn wèntí.

2. The teacher goes through the text with the students and makes sure that they understand each role.

Scenario:

Imagine that you are at a university orientation where you meet and talk to many new students from different countries.

Task:

1. Work in a group of five.
2. Choose a role from the list above.
3. Introduce yourself to other students in your group.
4. Ask and answer questions.
5. Your questions and answers should be based on the information given for each role.

6. Suggested questions:
   a. Qǐngwèn, nǐ jiào shénme míngzi?
   b. Qǐngwèn, nǐ shì něi guó rén?
   c. Nǐ huì shuō Yīngyǔ ma?
   d. Nǐ hái huì shuō něi guó huà?
   e. Nǐ xǐhuan shénme?
7. You should have a conversation with each student until you have talked to all the students in your group.
8. The teacher should go around to each group and help them when needed.

DIALOGUE EXERCISES

[1]. **Practice each of the dialogues with your partner, replacing the names in the dialogue with your own names.**

[2]. **Answer each of the questions according to the contents of relevant dialogue.**

DIALOGUE 1

a. Shéi néng jiāo Měiwén xiě hànzì?
b. Tāmen yào jiāo Měiwén xiě shénme?
c. Měiwén huì shuō Hànyǔ ma?
d. Měiwén xǐhuan bu xǐhuan xué Hànyǔ?

General questions:
1. Nǐ huì shuō Zhōngwén ma? If yes, Nǐ de lǎoshī jiào shénme míngzi?
2. Nǐ huì xiě hànzì ma? If yes, Nǐ huì xiě jǐ ge hànzì?

DIALOGUE 2

a. Dàzhōng yǒu méi.yǒu diànshì?
b. Dàzhōng xǐhuan kàn shénme diànshì?
c. Míngming ne?

General questions:
1. Nǐ yǒu diànshì ma?
2. Nǐ xǐhuan kàn diànshì ma?
3. Nǐ xǐhuan kàn Zhōngwén diànshì háishi xǐhuan kàn Yīngwén diànshì?

DIALOGUE 3

a. Dàxǐ xǐhuan kàn shénme diànyǐng?
b. Xiǎoměi ne?

c. Dàxǐ dǒng bu dǒng Yīngwén?

d. Tāmen kàn shénme diànyǐng?

General questions:

1. Nǐ xǐhuan kàn shénme diànyǐng?

2. Nǐ dǒng Yīngwén ma?

3. Nǐ huì shuō Zhōngwén ma?

DIALOGUE 4

a. Tom shì něi guó rén?

b. Xīběn ne?

c. Tom huì shuō shénme huà?

d. Xīběn yào jiāo shéi shuō Rìyǔ?

General questions:

1. Nǐ shì něi guó rén?

2. Nǐ de péngyou dōu shì Xīnxīlán rén ma?

3. Nǐ de péngyou dōu huì shuō Yīngyǔ ma?

4. Nǐ yǒu méi.yǒu Rìběn péngyou?

DIALOGUE 5

a. Shéi yǒu wèntí?

b. Tóngxué kěyǐ bu kěyǐ wèn wèntí?

c. Tóngxué wèn shénme wèntí?

d. Lǎoshī shuō shénme?

General questions:

1. Nǐ yǒu wèntí yào wèn lǎoshī ma?

2. Lǎoshī xiě de hànzì nǐ dōu dǒng ma?

[3]. *Dàzhōng* is your friend. Tell your partner about him (Dialogue 2).

[4]. Say three sentences about Tom (Dialogue 4).

TRANSLATION

1. They all want to see this movie.

2. Who can speak English?

_____

3. Excuse me, I don't have a pencil. I can't write it.

_____

4. Am I allowed to ask a question?

_____

5. He will be giving you Chinese books.

_____

6. All Chinese students know how to write characters.

_____

7. Not all of us are allowed to read the newspaper.

_____

8. We all have friends from Japan.

_____

9. None of the students are busy, but the teacher is very busy.

_____

10. Do you all like to buy pencils?

_____

11. We don't have money. None of us can buy Chinese books.

_____

12. Can you write (the numbers) 3, 5, 7, and 9 (in Chinese)?

_____

13. Who is teaching you English, Mr. Wang or Mr. Gao?

_____

14. None of us like to watch TV. We all like to watch movies.

_____

5

Wǒ zhǐ yǒu yì zhī máobǐ

我只有一支毛笔

SUBSTITUTION EXERCISES

[1]. Classifiers with demonstrative pronouns

Zhèi běn <u>shū</u> zhēn hǎo. → zázhì.

New sentence: Zhèi běn <u>zázhì</u> zhēn hǎo.

a. háizi _____

b. cídiǎn _____

c. qiānbǐ _____

d. shū _____

e. máobǐ _____

f. sān/rén _____

[2]. "Only": *jiù* or *zhǐ*

Xuésheng yǒu liǎng běn shū. → jiù (or zhǐ)
New sentence: Xuésheng <u>jiù</u> yǒu liǎng běn shū.
(or Xuésheng <u>zhǐ</u> yǒu liǎng běn shū.)

a. Háizi xǐhuan nèi běn shū.

_____

b. Wǒ yǒu yì běn Zhōngwén zázhì.

_____

c. Tā yào mǎi nèi zhī máobǐ.

_____

d. Tā xǐhuan wǒ jiějie.

_____

e. <u>Zhāng</u> tàitai yào mǎi <u>Zhōngguó</u> diànshì.

_____

f. Lǎoshī yào kàn nèi běn Yīngwén xiǎoshuō.

_____

GRAMMAR/VOCABULARY EXERCISES

[1]. Fill in the appropriate classifier in each blank below:

a. shí _____ cídiǎn

b. liù _____ háizi

c. qī _____ shū

d. wǔ _____ péngyou

e. sì _____ rén

f. jiǔ _____ qiānbǐ

g. yī _____ xiǎoshuō

h. shí _____ tóngxué

i. sì _____ zázhì

j. wǔ _____ wàiguó lǎoshī

[2]. Say the following numbers and quantities in Chinese.

a. 200 dictionaries

b. 1,307 students

c. 2 schools

d. 251 Americans

e. 3,976 pencils

f. 420 Chinese characters

g. 45 writing brushes

h. 57 magazines

i. 92 books

[3]. Add as many words you have learned as possible to *nán* or *nǚ* to form a new noun phrase, then use the phrase in a sentence; e.g. *nán lǎoshī Tāmen xué-xiào yǒu sān wèi nán lǎoshī.*

_____

_____

_____

_____

[4]. One student reads each of the following sentences out loud, filling in the blank space with either *jǐ* or *duōshao* plus the proper classifier where necessary. Then the student points to a fellow student in the class to answer the question.

a. Nǐ yǒu _____ Zhōngguó lǎoshī?

b. Nǐ yǒu _____ Yīngwén zázhì?

c. Ta yǒu _____ Měiguó péngyou?

d. Měiguó yǒu _____ dàxué?

e. Gāo xiānsheng yǒu _____ cídiǎn?

f. Tā yǒu _____ nánpéngyou?

g. Wǒmen de dàxué yǒu _____ wàiguó xuésheng?

h. Zhèige zhōngxué yǒu _____ lǎoshī?

[5]. What's wrong? Find the error(s) in each of the following sentences, then say the corrected sentence. There is at least one error in each sentence.

a. Tā yǒu èr zhī hǎo péngyou._____

b. Nǐmen xuéxiào yǒu duōshao wèi nán tóngxué?_____

c. <u>Xiè</u> tàitai bù yǒu háizi. _____

d. Tā guìxìng <u>Gāo</u>. _____

e. Wǒ yǒu sān máobǐ. _____

TASK-BASED ACTIVITY

ROLE PLAY

Pre-task:

1. The following information is about Mr. Qian and his family. The teacher goes through the passage with the students to make sure that they understand the content of the article before assigning the task.

   <u>Qián Xuéyǒu</u> shì Zhōngwén lǎoshī. Tā xuéxiào yígòng yǒu liǎngqiān èr-bǎi líng èr ge xuésheng. Yīqiān èrbǎi ge shì nánxuésheng, yīqiān líng èr ge shì nǚ xuésheng. Tā shì yíge hěn hǎo de lǎoshī. Tóngxuémen dōu hěn xǐhuan tā. Tā xǐhuan xiě máobǐzì, yě xǐhuan jiāo xuésheng xiě máobǐzì. <u>Qián</u> lǎoshī hěn xǐhuan kàn xiǎoshuō. Tā yǒu yībǎi líng jiǔ běn xiǎoshuō, sìshíèr běn shì Yīngwén xiǎoshuō, liùshíqī běn shì Zhōngwén xiǎoshuō. <u>Qián</u> lǎoshī yě yǒu hěn duō cídiǎn. Tā yǒu shíèr běn Yīngwén cídiǎn, shíwǔ běn Zhōngwén cídiǎn, liǎng běn Rìwén cídiǎn. <u>Qián</u> lǎoshī méi.yǒu zázhì. Tā bù xǐhuan kàn zázhì.
   <u>Qián</u> tàitai shì <u>Měiguó</u> rén. Tā dǒng Yīngwén, bù dǒng Zhōngwén. Tā bú huì shuō Hànyǔ. Tā huì xiě jǐ ge hànzì. Tā méi.yǒu Zhōngwén shū, yě méi.yǒu Zhōngwén zázhì. Tā zhǐ yǒu Yīngwén shū.
   Tāmen yǒu liǎng ge háizi. Dì-yíge shì nánde. Tā de Yīngwén míngzi jiào Robert. Wǒmen bù zhī.dào tā yǒu méi.yǒu Zhōngwén míngzi. <u>Qián</u> lǎoshī jiào tā <u>Lǎo Dà</u>. Wǒmen zhī.dào tā shì zhōngxuéshēng. Tā gàosu wǒmen tā xǐhuan kàn diànyǐng, yě xǐhuan kàn zázhì. Tā shuō tā yígòng yǒu èrbǎi líng wǔ běn zázhì.
   <u>Qián</u> lǎoshī de dì-èr ge háizi shì nǚde. Tā shì xiǎoxuéshēng. Tā jiào <u>Qián Xiǎohuān</u>. <u>Xiǎohuān</u> xǐhuan mǎi dōngxi. Qiānbǐ, máobǐ, shū, zázhì, cídiǎn, bào, tā dōu mǎi. Tā yě xǐhuan kàn shū, xiě zì. Tā shì yíge hǎo xuéshēng.

2. Students should ask questions if they don't understand any part of the article.

Scenario:

Imagine that you are a reporter for a local newspaper who is assigned to interview the most well-known teacher in town, Mr. Qian. During the interview you should find out information about Mr. Qian and his family. You may use the questions in the following table as a guideline, or you may create your own questions.

Task:

1. Work in pairs.
2. Student A is the reporter. Student B is Mr. Qian.
3. Student A asks the questions.
4. Student B has to answer the questions based on the information in the passage.

	Question	Answer
a.	<u>Qián</u> lǎoshī, nín jiāo Hànyǔ, duì ma?	
b.	Nǐmen xuéxiào yígòng yǒu duōshao xuésheng?	
c.	Duōshao xuésheng shì nán xuésheng?	
d.	Duōshao xuésheng shì nǚ xuésheng?	
e.	<u>Qián</u> lǎoshī, nín hěn xǐhuan xiě hànzì, duì ma?	
f.	Nín jiāo xuésheng xiě hànzì ma?	
g.	<u>Qián</u> lǎoshī, nín yǒu duōshao běn xiǎoshuō, duōshao běn Yīngwén xiǎoshuō?	
h.	Nín yǒu duōshao běn cídiǎn? Dōu shì Zhōngwén cídiǎn ma?	
i.	Yǒu duōshao běn shì Yīngwén cídiǎn? Duōshao běn shì Zhōngwén cídiǎn? Duōshao běn shì Rìwén cídiǎn?	
j.	Nín yǒu méi.yǒu zázhì?	

	Question	Answer
k.	Nín tàitai shì něi guó rén? Tā huì shuō Zhōngwén ma? Tā huì xiě hànzì ma?	
l.	Nín tàitai yǒu Zhōngwén shū ma?	
m.	<u>Qián</u> lǎoshī, nín yǒu jǐ ge érzi? Jǐ ge nǚér?	
n.	Nín de érzi xǐhuan shénme?	
o.	Nín de érzi jiào shénme míngzi? Tā yǒu Zhōngwén míngzi ma?	
p.	Nín zhī.dào nín érzi yǒu duōshao běn zázhì ma?	
q.	Nín nǚér jiào shénme míngzi?	
r.	Tā xǐhuan mǎi shénme?	

After students have completed the task:

1. Each student will write a summary in their own words about Mr. Qian.
2. Ask two or three students (you may ask more if time permits) to present their summary in Chinese.

_____

_____

_____

_____

DIALOGUE EXERCISES

[1]. Practice each of the dialogues with your partner, replacing the names in the dialogue with your own names.

[2]. Complete the following activities according to the information given in the appropriate dialogue.

DIALOGUE 1

a. <u>Xiǎowén</u> yǒu shénme shū?
b. <u>Yīngying</u> ne?
c. <u>Xiǎowén</u> xǐhuan kàn shénme?

General questions:

1. Nǐ yǒu Zhōngwén shū ma?
2. Nǐ yǒu jǐ běn Zhōngwén shū?
3. Nǐ xǐhuan kàn Zhōngwén shū ma?
4. Nǐ xǐhuan kàn shénme shū?

DIALOGUE 2

a. Shéi huì xiě máobǐzì?
b. Shéi yào xué xiě máobǐzì?
c. <u>Huānhuan</u> yào sòng <u>Lánlan</u> shénme?
d. <u>Lánlan</u> yào shéme?
e. <u>Huānhuan</u> wèishénme (why) bù néng gěi <u>Lánlan</u> máobǐ?
f. <u>Huānhuan</u> wèishénme (why) yào qǐng <u>Lánlan</u> kàn diànyǐng?

General questions:

1. Nǐ huì xiě hànzì ma?
2. Shéi jiāo nǐ xiě hànzì?
3. Nǐ yǒu qiānbǐ ma? Nǐ yǒu jǐ zhī qiānbǐ?
4. Nǐ yǒu máobǐ ma? If yes, Nǐ huì xiě máobǐzì ma?

DIALOGUE 3

a. <u>Qián</u> tàitai yǒu jǐ ge háizi?
b. Tā yǒu jǐ ge nán háizi? Jǐ ge nǚ háizi?
c. Jǐ ge shì dàxuéshēng? Zhōngxuéshēng? Xiǎoxuéshēng?

General questions:

1. Nǐ māma yǒu jǐ ge háizi?
2. Jǐ ge shì nán háizi, jǐ ge shì nǚ háizi?
3. Tāmen dōu shì dàxuésheng ma?

DIALOGUE 4

Working in pairs, fill in the following tables by asking each other questions. Then have a conversation about the completed table.

School

Chinese students	Japanese students	American students	Total

Secondary school students	Elementary school students	Total

General questions:

1. Nǐ shì dàxuésheng ma?
2. Nǐ shì něige dàxué de xuésheng?
3. Nǐmen dàxué yǒu méi.yǒu wàiguó xuésheng?
4. Nǐmen dàxué yǒu méi.yǒu <u>Zhōngguó</u> xuésheng?

[3]. **Imagine you are** *Qián tàitai.* **Tell your conversation partner about your children. Your talk should be at least five or six sentences. Then your conversation partner retells the story to the entire class. (Dialogue 3)**

DIALOGUE 5

a. <u>Lánlan</u> huì xiě duōshao hànzì?
b. <u>Lánlan</u> bānshàng shéi huì xiě de hànzì zuì duō?
c. Shéi huì xiě de hànzì zuì shǎo?
d. Shéi huì dú ("read out loud") de hànzì zuì duō?
e. <u>Huānhuan</u> huì dú ("read out loud") duōshao hànzì?

General questions:

1. Nǐ huì xiě duōshao hànzì?
2. Nǐmen bānshàng huì xiě zuì duō hànzì de tóngxué jiào shénme míngzi?
3. Nǐ huì dú duōshao hànzì?

TRANSLATION

1. I'd like to (want to) buy 10 dictionaries.

   _____

2. That gentleman can speak Japanese.

   _____

3. This lady has four children.

   _____

4. These two dictionaries are expensive.

   _____

5. How many students are able to speak English?

   _____

6. The second person is an American.

   _____

7. I don't know how many students that teacher has.

   _____

8. That woman told me these two children are Japanese.

   _____

9. My school only has 200 foreign students.

   _____

10. Excuse me, can you understand Chinese?

    _____

11. Those students are allowed to see only that movie.

    _____

12. This school has 2,001 students.

    _____

FILL IN THE BLANK

Fill in each blank by choosing the most appropriate word from the alternatives provided in the box. You should not use any word or phrase more than once.

> bù yě de kěshī hěn gěi zhēn běn

Xiǎo Máo shì wǒ _____ tóngxué. Wǒmen dōu xué Rìyǔ. Xiǎo Máo

_____ xǐhuan kàn Rìběn diànyǐng. Wǒ _____ xǐhuan kàn diànyǐng, wǒ

ài kàn xiǎoshuō. Wǒ zuì xǐhuan kàn Zhōngguó xiǎoshuō, _____ xǐhuan kàn

Rìběn xiǎoshuō, _____ bú ài kàn Hánguó xiǎoshuō. Xiǎo Máo shuō tā yǒu jǐ

_____ Rìběn xiǎoshuō, kěyǐ _____ wǒ. Xiǎo Máo _____ hǎo! Wǒ

yào qǐng tā kàn yíge Rìběn diànyǐng.

TRANSLATION

Translate the following passages or sentences into Chinese using *Hànyǔ Pīnyīn* Romanization together with the correct tone marks over the correct letters.

[1].

Tom is British. *Young Ae* is Korean. They are both my friends. All of us can speak English; not all of us can speak Chinese. None of us can speak Japanese. Tom likes to read magazines, but he doesn't have money to buy (them). *Young Ae* likes to watch Chinese movies. Tom does not watch Chinese movies. He does not understand Chinese.

_____

_____

_____

_____

_____

[2].

a. He has 1,398 students.

_____

b. I can write 928 Chinese characters.

_____

c. I don't know how many students that teacher has.

_____

d. All Chinese students are able to write Chinese characters.

_____

e. You teach me English, and I'll give you a television.

_____

f. Mrs. Wang's second daughter is a middle school student.

_____

g. He buys magazines. I buy fiction books.

_____

h. Can I ask a question?

_____

[3].

Mrs. Wang has two children. Her first child is a girl, and her second child is a boy. Her daughter is called *Xiǎozhēn* and is a primary school teacher. *Xiǎozhēn* has 120 students. 72 are Chinese ("from China") students, and 48 are American students. All of her students can speak English, (but) not all of them can speak Chinese. Her son is called *Xuéwén*, and he is a middle school student. His school has 3,578 students. His school is really large! *Xuéwén* has three dictionaries. He likes to read magazines and doesn't like to read comic books.

_____

_____

_____

_____

_____

_____

READING COMPREHENSION

Read the following passage and answer all the questions that follow it:

<u>Wáng Wénshēng</u> hé tā tàitai yǒu wǔ ge háizi. Tāmen yǒu liǎng ge érzi, sān ge nǚ'ér. Zuì dà hé zuì xiǎo shì nánde, dì-èr ge, dì-sān ge hé dì-sì ge shì nǚde. <u>Wáng</u> xiānsheng shì zhōngxué lǎoshī, <u>Wáng</u> tàitai shì xiǎoxué lǎoshī. <u>Wáng Wénshēng</u> hé tā tàitai dōu huì xiě hànzì kě.shì tāmen de háizi dōu bú huì xiě hànzì. Tāmen zuì dà de érzi jiào <u>Wáng Hàn</u>, tā shì wǒ de hǎo péngyou. Wǒmen shì dàxuésheng, wǒmen dōu xué Rìyǔ. <u>Wáng Hàn</u> de sān ge mèimei dōu shì zhōngxuésheng, tā de dìdi shi xiǎoxuésheng. Támen dōubú huì xiě hànzì, kěshì tāmen dōu huì shuō Hànyǔ. <u>Wáng Hàn</u> jiāo wǒ shuō Hànyu, wǒ jiāo <u>Wáng Hàn</u> shuō Hányǔ.

Questions:

a. <u>Wáng Wénshēng</u> hé tā tàitai yǒu jǐ ge háizi?

_____

b. Tāmen yǒu jǐ ge érzi? Jǐ ge nǚ'ér?

_____

c. Tāmen zuì dà de háizi shì nǚde, duì ma?

_____

d. Tāmen zuì xiǎo de háizi shì bú shì nánde?

_____

e. <u>Wáng Wénshēng</u>, tā tàitai hé tāmen de wǔ ge háizi dōu huì xiě hànzì ma?

_____

f. <u>Wáng Wénshēng</u> de háizi dōu shì zhōngxuésheng ma?

_____

g. Tāmen zuì dà de érzi jiào shénme míngzi?

_____

h. <u>Wáng Hàn</u> huì shuō Hànyǔ ma?

_____

i. Wǒ huì shuō Hànyǔ ma?

_____

6

Dìtú liǎng kuài jiǔ máo wǔ yì zhāng
地图两块九毛五一张

SUBSTITUTION EXERCISES

[1]. Money: Prices

<u>Zhèi běn shū</u> duōshao qián? → $2.50
New sentence: Nèi běn shū <u>liǎng kuài wǔ máo</u>.

$2.50

$1.65

a. Zhèi fèn zázhì: $1.65

_____

$6.99

b. Zhèi zhī máobǐ: $6.99

_____

$18.75

c. Zhèi běn cídiǎn: $18.75

_____

7 c

d. Zhèi zhī qiānbǐ: $0.07

_____

$3.25

e. Zhèi zhāng dìtú: $3.25

_____

f. Zhèi ge píngguǒ: $0.70

_____

g. Zhèi liàng zìxíngchē: $390.00

_____

[2]. Money: Making change

<u>Shū, sān kuài wǔ máo</u>. Wǒ gěi nǐ wǔshí kuài qián.
Nǐ zhǎo wǒ duōshao?
New sentence: Wǒ zhǎo nǐ <u>sìshíliù kuài wǔ máo</u>.

a. Bǐ, yí kuài jiǔ máo jiǔ._____

b. Dìtú, liǎng kuài sān máo. _____

c. Niúnǎi, yí kuài bā máo. _____

d. Zázhì, sān kuài qī máo wǔ. _____

e. Cídiǎn, èrshísì kuài jiǔ máo jiǔ._____

f. Mànhuà, qī kuài bā máo wǔ._____

[3]. Money: Unit pricing

<u>Shū, wǔ kuài yì běn</u>. Wǒ mǎi liǎng běn.
Yígòng duōshao?
New sentence: Yígòng <u>shí kuài</u>.

a. Zázhì, shíyí kuài._____

b. Píngguǒ, sān kuài wǔ máo._____

c. Cídiǎn, sānshíqī kuài. _____

d. Qiānbǐ, jiǔ máo wǔfēn. _____

e. Dìtú, qī kuài. _____

[4]. _Měi_ and _dōu_: Each and every one

Shū hěn guì.
New sentence: <u>Měi</u> yī běn shū <u>dōu</u> hěn guì.

a. Lǎobǎn hěn yǒuqián.

_____

b. <u>Měiguó</u> rén huì shuō Yīngwén.

_____

c. Dōngxi hěn piányi.

_____

d. Lǎoshī hěn máng.

_____

e. Dìtú hěn xiǎo.

_____

GRAMMAR/VOCABULARY EXERCISES

[1]. Ask the student next to you to say the following prices one at a time by using the question "_Duōshao qián?_"

a. $3.50   b. $4.20   c. $2.10   d. $5.90   e. $10.80

Then ask him/her to repeat each answer.

[2]. Give the rounded off version of the same prices above, using _duō_.

[3]. Say the following in Chinese, using _jǐ_.

a. several pens   e. 10+ films
b. several tens of students   f. 20+ friends
c. several hundred Chinese characters   g. 30+ bicycles
d. several thousand books   h. 40+ questions

[4]. Say the following large numbers in Chinese.

a. 12,000   c. 10 million   e. 36,899   g. 2.5 million
b. 1 million   d. 40,522   f. 52,884   h. 803,762

[5]. Say the following in Chinese.

a. half a book   d. a _jīn_ and a half of apples
b. a book and a half   e. half a magazine
c. a half _jīn_ of apples   f. one and a half magazines

CLASSROOM ACTIVITIES

[1]. Tell another student that you want to buy their book, pen, etc. Negotiate a price, then (pretend to) pay with a large bill and ask for change.

[2]. Tell us about your family. How many people are in it? Who is the tallest? The shortest? The oldest? The best-looking?

[3]. Talk about your university. How many students and teaching staff are there altogether? How many of them are male, and how many are female? How many books and magazines are there in the library (*túshūguǎn*)? Can you provide a breakdown by country or language? How much are school fees/tuition (*xuéfèi*) in a year (*nián*)?

[4]. Create a television commercial for your new store. What do you sell? How much of each item do you have in stock? What are your special/cheap prices?

TASK-BASED ACTIVITY

ROLE PLAY: TALKING ABOUT MY FAMILY

Pre-task:

1. The teacher introduces the topic and task.
2. Warm-up exercises:

   Review key vocabulary:
   bàba dìdi fùmǔ gēge jiějie jiā lǎobǎn mèimei māma xiōngdì-jiěmèi

Supplementary vocabulary:
yéye "father's father"
nǎinai "father's mother"

3. The teacher goes through the information below with the students to make sure that they understand the background of each role and are familiar with each family before assigning the task.

Task:
1. Work in a group of four.
2. Each student respresents a member of one of the families (A, B, C, D)
3. Have a conversation in Chinese about your assigned family.
4. Write down the conversation.
5. After completing the task, as many groups as time allows will present their dialogues.

Family A:

Wǒ jiào Anna. Wǒ shì <u>Xīnxīlán</u> rén.
Wǒ jiā yǒu qī kǒu rén, yéye, nǎinai, bàba, māma,
    gēge, dìdi hé wǒ.
Yéye, bàba hé gēge dōu hěn gāo.
Nǎinai, māma, dìdi hé wǒ bù gāo yě bù ǎi.
Wǒ yéye zuì gāo, wǒ nǎinai zuì ǎi.
Wǒ bàba, māma dōu shì lǎoshī.
Wǒ bàba shì Yīngyǔ lǎoshī, wǒ māma shì
    Hànyǔ lǎoshī.
Wǒmen dōu huì shuō Yīngyǔ, bùdōu huì shuō Hànyǔ.
Wǒ shì wǒ māma de xuésheng. Wǒ huì shuō Hànyǔ.
Wǒ xǐhuan kàn xiǎoshuō. Wǒ bù xǐhuan kàn diànshì.

Family B:

Wǒ jiào Michael.
Wǒ shì <u>Měiguó</u> rén.
Wǒ jiā yǒu wǔ kǒu rén, yéye, bàba, māma, jiě-
    jie hé wǒ.
Yéye, bàba, māma dōu hěn gāo.
Jiějie hé wǒ bù gāo yě bù ǎi.
Wǒ bàba shì lǎobǎn. Wǒ māma shì lǎoshī.
Wǒ hé jiějie dōu shì dàxuésheng.
Wǒ jiějie xué Rìwén, wǒ xué Zhōngwén.
Wǒ huì shuō Hànyǔ.
Wǒ xǐhuan kàn <u>Zhōngguó</u> diànyǐng. Wǒ bù xǐhuan kàn bào.

Family C:

Wǒ jiào Charlotte.
Wǒ shì <u>Yīngguó</u> rén.
Wǒ jiā yǒu sì kǒu rén, bàba, māma, jiějie hé wǒ.
Wǒmen dōubù gāo, kěshì yě bù ǎi.
Wǒ bàba shì lǎobǎn, tā mài zìxíngchē.
Wǒ māma shì xiǎoxué lǎoshī. Tā jiāo Rìyǔ.
Wǒ hé wǒ jiějie dōu shì tā de xuésheng.
Wǒ yǒu hěn duō <u>Zhōngguó</u> péngyou, tāmen jiāo
    wǒ shuō Hànyǔ.
Wǒ hé wǒ jiějie dōu huì shuō Hànyǔ.
Wǒ xǐhuan mǎi dōngxi. Wǒ bù xǐhuan kàn shū.

Family D:

Wǒ jiào <u>Wáng Guózhì</u>.
Wǒ shì <u>Zhōngguó</u> rén.
Wǒ jiā yǒu wǔ kǒu rén, nǎinai, bàba,
    māma, mèimei hé wǒ.
Wǒ bàba, māma dōu hěn gāo.
Nǎinai hé wǒ bù gāo yě bù ǎi.
Wǒ mèimei hěn ǎi.
Wǒ bàba, māma dōu shì zhōngxué lǎoshī.
Wǒ bàba jiāo Hànyǔ. Wǒ māma jiāo Hányǔ.
Wǒmen dōu huì shuō Hànyǔ.
Wǒ xǐhuan xiě máobǐzì. Wǒ bù xǐhuan kàn zázhì.

DIALOGUE EXERCISES

[1]. Practice each of the dialogues with your partner, replacing the names in the dialogue with your own names.

[2]. Complete the following activities according to information provided in the appropriate dialogue.

DIALOGUE 1

a. <u>Hànshēng</u> jiā yǒu jǐ kǒu rén?
b. <u>Máomao</u> ne?

General questions:

1. Nǐ jiā yǒu jǐ kǒu rén?
2. Nǐ yǒu jǐ ge xiōngdì-jiěmèi?

DIALOGUE 2

a. <u>Dàguì</u> zhī.dào "wàn" zì ma?
b. Jǐ ge qiān shì yīwàn?
c. Wǔ qiān shì shénme?

General questions:

1. Nǐ huì xiě hànzì ma?
2. Nǐ huì xiě jǐ ge hànzì?

DIALOGUE 3

a. <u>Zhōngguó</u> měi ge rén dōu yǒu zìxíngchē, duì ma?
b. <u>Yìzhōng</u> de jiějie yǒu méi.yǒu zìxíngchē? <u>Yìzhōng</u> ne?
c. <u>Huānhuan</u> yǒu jǐ liàng zìxíngchē?
d. Shéi yào gěi <u>Yìzhōng</u> de jiějie zìxíngchē?
e. <u>Yìzhōng</u> de jiějie yào bu yào? Wèishénme? (Why?)

General questions:

1. Nǐ yǒu zìxíngchē ma?
2. Nǐ xiǎng bu xiǎng mǎi zìxíngchē?
3. Nǐ xiǎng mǎi shénme?

DIALOGUE 4

a. Yīngwén bào duōshǎo qián yí fèn?
b. <u>Zhōngguó</u> dìtú ne?
c. <u>Lǎo Qián</u> gěi lǎobǎn duōshao qián?

General questions:

1. Nǐ kàn Yīngwén bào ma?
2. Yīngwén bào duōshao qián yī fèn?
3. Nǐ yǒu <u>Zhōngguó</u> dìtú ma?

DIALOGUE 5

a. Niúnǎi duōshao qián yì píng?
b. Píngguǒ duōshao qián yì jīn?
c. <u>Lǎo Zhāng</u> yào mǎi shénme?
d. Yígòng duōshao qián?
e. <u>Lǎo Zhāng</u> mǎi bu mǎi píngguǒ?
f. <u>Lǎo Zhāng</u> mǎi shénme?

General questions:

1. Nǐ mǎi niúnǎi ma?
2. Nǐ zhī.dào niúnǎi duōshao qián yì píng ma?
3. Nǐ mǎi píngguǒ ma?
4. Nǐ zhī.dào píngguǒ duōshao qián yíge ma?

[3]. Ask your partner the following question: "Qǐngwèn, zhèige zì shì shénme zì?" (Dialogue 2)

TRANSLATION

1. The map is $1.50, and the magazine is $2.00. Altogether it's $3.50.

2. There are a lot of people, more than 260 million.

3. My little brother has three and a half dollars.

4. That magazine sells for over 10 dollars.

5. His brother won't sell me that apple.

6. Someone said that Chinese bicycles are quite OK.

7. You must buy that book.

8. I'm short a dollar.

9. How many people are in your family?

10. The maps are $1.70 each.

11. I don't think he'll buy that work of fiction.

_____

12. There are six people (who) want to buy that map.

_____

13. He would like to buy that dictionary.

_____

14. I have altogether four older sisters.

_____

15. You don't have to buy that book.

_____

16. My wife likes most of all to buy the most expensive things.

_____

7

Kuài chī wǔfàn le
快吃午饭了

SUBSTITUTION EXERCISES

[1]. Change of status *le*

Nǐ yǐqián xǐhuan <u>Yīngguó</u> cài. Xiànzài ne?
New sentence: Xiànzài wǒ <u>bù xǐhuan le</u>.

a. xǐhuan hē píjiǔ _____

b. xǐhuan kàn diànshì _____

c. zuò shēngyi _____

d. xǐhuan hē kāfēi _____

e. huì shuō Rìwén _____

f. xǐhuan kàn shū _____

g. xǐhuan qǐng kè _____

Repeat the above, but negate the initial verb rather than the second one: *Nǐ yǐqián bù xǐhuan <u>Yīngguó</u> cài*, etc.

Nǐ yǐqián <u>bù</u> xǐhuan <u>Yīngguó</u> cài. Xiànzài ne?
New sentence: Xiànzài wǒ <u>xǐhuan le</u>.

a. xǐhuan hē píjiǔ _____

b. xǐhuan kàn diànshì _____

c. zuò shēngyi _____

d. xǐhuan hē kāfēi _____

e. huì shuō Rìwén _____

f. xǐhuan kàn shū _____

g. xǐhuan qǐng kè _____

[2]. Change of status *le* with stative verbs

Yǐqián tā hěn ǎi. Xiànzài ne?
New sentence: Xiànzài tā <u>bù ǎi le</u>.

a. hǎokàn _____

b. máng _____

c. hǎo _____

d. xiǎo _____

e. kèqi _____

[3]. *Bù* ("doesn't/don't") and *méi* ("didn't/haven't") negation

chī wǔfàn. → "Doesn't/Don't" chī
→ "Didn't/Haven't"
New sentence: Tā <u>bù</u> chī wǔfàn.
New sentence: Tā <u>méi.yǒu</u> chī wǔfàn.

a. qù kàn diànyǐng _____

_____

b. chī wǎnfàn _____

_____

c. mǎi nèi běn shū _____

_____

d. mài píjiǔ _____

_____

e. qǐng wǒ chī wǎnfàn _____

_____

[4]. Topic-comment

Wǒ yào kàn shū, yào kàn bào.
New sentence: <u>Shū</u>, <u>bào</u>, wǒ <u>dōu</u> yào kàn.

a. hē <u>Měiguó</u> píjiǔ, hē <u>Zhōngguó</u> píjiǔ _____

_____

b. mǎi piányi de jiǔ, mǎi guì de jiǔ _____

_____

c. zuò zǎofàn, zuò wǔfàn _____

_____

d. mǎi Zhōngwén cídiǎn, mǎi Rìwén cídiǎn _____

_____

e. kàn <u>Zhōngguó</u> zázhì, kàn <u>Yīngguó</u> zázhì _____

_____

f. mǎi <u>Rìběn</u> diànshì, mái <u>Měiguó</u> diànshì

_____

g. chī <u>Zhōngguó</u> cài, chī <u>Hánguó</u> cài

_____

h. hē <u>Kěkǒu Kělè</u>, hē <u>Bǎishì Kělè</u>

_____

Repeat the same drill, negating the second topic: *Shū, wǒ yào kàn, bào, wǒ bú yào kàn,* etc.

a. hē <u>Měiguó</u> píjiǔ, hē <u>Zhōngguó</u> píjiǔ _____

_____

b. mǎi piányi de jiǔ, mǎi guì de jiǔ _____

_____

c. zuò zǎofàn, zuò wǔfàn _____

_____

d. mǎi Zhōngwén cídiǎn, mǎi Rìwén cídiǎn _____

_____

e. kàn <u>Zhōngguó</u> zázhì, kàn <u>Yīngguó</u> zázhì _____

_____

f. mǎi <u>Rìběn</u> diànshì, mái <u>Měiguó</u> diànshì _____

_____

g. chī <u>Zhōngguó</u> cài, chī <u>Hánguó</u> cài _____

_____

h. hē <u>Kěkǒu Kělè</u>, hē <u>Bǎishì Kělè</u> _____

_____

[5]. *Kuài (yào)… le*

Dìdi qù kàn diànyǐng.

New sentence: Dìdi <u>kuài</u> (yào) qù kàn diànyǐng le.

a. Jiějie de tóngxué _____ qù <u>Běijīng</u>

b. Wǒmen _____ chī wǔfàn

c. Tāmen _____ chī wǎnfàn

d. Tā _____ qù mǎi dōngxi

[6]. I know <u>who</u> you are.

Wǒ zhī.dào nǐ shì shéi. Tāmen

New sentence: Wǒ zhī.dào tāmen shì shéi.

a. nèi ge rén

_____

b. nǐ bàba

_____

c. nǐ de lǎoshī

_____

d. tā māma

_____

[7]. I know <u>where</u> you live.

Wǒ zhī.dào <u>nǐ jiā</u> zài nǎr. Nǐ shūshu jiā

New sentence: Wǒ zhī.dào nǐ shūshu jiā zài nǎr.

a. Āyí jiā

_____

b. <u>Měiguó</u>

_____

c. Lǎoshī de jiā

_____

d. Nǐmen xuéxiào

_____

[8]. I know <u>what</u> you like to eat.

Wǒ zhī.dào nǐ xǐhuan chī shénme. Nǐ āyí
New sentence: Wǒ zhī.dào nǐ āyí xǐhuan chī shénme.

a. Nǐ māma _____

_____

b. <u>Wáng</u> lǎoshī _____

_____

c. <u>Gāo</u> shūshu _____

_____

d. Nǐ jiārén _____

_____

[9]. "I don't know whether you X or Y."

Wǒ bù zhī.dào nǐ <u>hē kāfēi</u> háishi <u>hē chá</u>. xǐhuan kàn shū xǐhuan kàn bào
New sentence: Wǒ bù zhī.dào nǐ xǐhuan kàn shū háishi xǐhuan kàn bào.

a. hē píjiǔ hē kělè _____

_____

b. xǐhuan kàn diànshì xǐhuan kàn diànyǐng _____

_____

c. hē bīngshuǐ hē shuǐ _____

_____

d. hē <u>Bǎishì Kělè</u> hē <u>Kěkǒu Kělè</u> _____

_____

GRAMMAR/VOCABULARY EXERCISES

[1]. Complete the following sentences with le used in the second part.

a. Wǒ yǐqián bú huì shuō Zhōngwén,_____

_____ .

b. Tā yǐqián bù xǐhuan hē kělè, _____

_____ .

c. Xiǎo Wáng yǐqián zuì ài kàn Zhōngguó diànyǐng,_____

_____ .

[2]. Complete the following sentences using topic-comment construction.

a. Wǒ péngyou _____

_____ .

b. Zhōngguó xiǎochī _____

_____ .

c. Bǐ, bào _____

_____ .

[3]. Have each student make one sentence about the changes they have under-
gone since high school, e.g. becoming more beautiful, being able to speak
another language, getting older, being able to cook now, etc.

_____

[4]. Create your own sentences using the following words.

a. kuài…le

_____

b. zuì bù…le

_____

c. zhēn…

_____

d. tài…le

_____

e. …, kěshì…

_____

_____

CLASSROOM ACTIVITY

[1]. Talk to a fellow student about the changes they have undergone since high school. Are they an American now? Can they speak or read Chinese now? Have they gotten old? Could they cook before? What about now? Did they like to watch TV before? What about now? Did they like to read before? What about now? Use your imagination to ask questions on your own. Also, be sure to only talk about changes, not activities or qualities that remain the same as before.

TASK-BASED ACTIVITY

TRANSLATE A DIALOGUE:

Pre-task:

1. The teacher introduces a topic and task.
2. Warm-up exercises: review key vocabulary and grammar structures.

   Key vocabulary:
   fàn, wǎnfàn, wǔfàn, cài, xiǎochī, píngguǒ,
   kělè, <u>Bǎishì Kělè</u>, <u>Kěkǒu Kělè</u>, jiǔ, píjiǔ, chá, kāfēi, niúnǎi, shuǐ, bīngshuǐ
   -píng, -bēi, -guàn, -jiā
   yígòng
   -fēn, -máo, -kuài
   gòu

   diàn, xiǎochīdiàn, fànguǎnr
   yǐqián, xiànzài
   chī, hē, qǐng kè, qù
   è, kèqi
   hǎochī, hǎozuò, nánchī, nánzuò, búcuò

Grammar structures:

a. Change of Status: condition or perception *le*
   Wǒ è le.
b. *Méi* versus *Bù* Negation
   Wǒ hái méi chīfàn.
   Wǒ bù hē píjiǔ.
c. Negation and *le*
   Wǒ yǐqián hē kāfēi, xiànzài bù hē le.
d. Extended usage of *le*: (kuài) (yào)…le; tài…le
   Kuài chī wǔfàn le.
   Tài è le!
e. Topic-Comment
   Kāfēi, chá, píjiǔ, dōu yǒu.
   Topic-Comment1 + Comment2 + (…)
   Kāfēi hǎohē, yě hěn piányi.

(Note: For warm-up exercises the teacher may choose some of the earlier exercises for students to practice.)

Task:

1. Work in a group of four.
   (Michael, Tom, and Mary are university students. All three of them learn Chinese and love to speak Chinese. Today, Tom suggests that after they have finished their Chinese language project, they go to a nearby snack shop to have some food and drinks. The snack shop next to the university sells a variety of types of drinks and only one type of Chinese snack, but the snack is both cheap and delicious.)
2. Translate the following dialogue into Chinese:

Michael: I'm hungry. Are you all hungry?

_____

Tom: I am also hungry. Mary, what about you?

_____

Mary: It's about time to eat lunch. Let's go eat lunch!

_____

Michael: OK! What would you like to eat?

_____

Tom: I'd like to eat snacks. Would it be OK if we went to a snack shop? There (they) sell beer. I'd like to drink beer.

_____

Mary: Sorry, beer is too expensive. I don't have enough money (lit. "my
             money is not enough").

_____

Michael: No problem. I have money. I'll treat (you).

_____

Tom: Really? You're too good.

_____

Mary: Thank you, Michael.

_____

(When they reach the snack shop…Note: You don't have to translate this
phrase.)
Fúwùyuán: Excuse me, how many of you?

_____

Michael: Just the three of us.

_____

(The waitress takes them to a table…Note: You don't have to translate this
phrase.)
Fúwùyuán: What would you like to drink?

_____

Tom: I want a bottle of beer.

_____

Mary: What do you have?

_____

Fúwùyuán: Milk, coffee, tea, Pepsi, Coke, beer. We have all of these.

_____

Michael: Give me a cup of tea.

_____

Mary: I want coffee.

_____

Fúwùyuán: Will you be eating something?

_____

Michael: Give us three orders (fen) of snacks.

_____

Fúwùyuán: OK. One bottle of beer, one cup of tea, one cup of coffee, and additionally three orders of snacks. Is that correct?

_____

Michael: Yes. Thanks.

_____

(After 10 minutes, their food and drink arrive. Note: You don't have to translate this sentence.)

Tom: This beer is really delicious. You (two) don't drink beer?

_____

Mary: I drank before (but) now I no longer drink. Michael, what about you?

_____

Michael: I drink (it), but I don't like to drink (it). I like to drink tea. Mary, is the coffee good?

_____

Mary: Their coffee is really bad, but their snacks are quite delicious.

_____

Tom: That's right! Their snacks are delicious and good-looking, and are also very cheap. I only like to eat the snacks that they sell.

_____

Michael: I also like this shop's snacks.

_____

(After they have finished their meal and their drink, Michael asks the waitress to settle the bill. Note: You don't have to translate this sentence.)

Michael: Server, how much?

_____

Fúwùyuán: Altogether $19.

_____

Michael: Here's $20.

_____

Fúwùyuán: Here's your change of $1.

_____

Michael: Thank you. Bye.

_____

Fúwùyuán: Bye.

_____

(When they walk out from the snack shop…Note: You don't have to translate this phrase.)

Tom: Thank you, Michael.

_____

Mary: Thank you, Michael.

_____

Michael: Don't mention it. Bye.

_____

Tom and Mary: Bye.

_____

Follow up:

1. After students have completed their translation, they should present their translated dialogues in class group by group.
2. If time is not sufficient for every group to do their presentation, the teacher may instead choose two or three groups to present their translated dialogue in class.
3. Feedback and discussion.

DIALOGUE EXERCISES

[1]. Practice each of the dialogues with your partner, replacing the names in each dialogue with your own names.

[2]. Answer each of the following questions according to the contents of the relevant dialogue.

DIALOGUE 1

a. Shéi shì <u>Xiǎodōng</u>?
b. <u>Xiǎodōng</u> jiào <u>Zhāng Píngping</u> de bàba, māma shénme?
c. Tāmen shuō shénme huà?

General questions:

1. Nǐ yǒu <u>Zhōngguó</u> péngyou ma?
2. Nǐ yǒu jǐ ge <u>Zhōngguó</u> péngyou?
3. Tāmen dōu yǒu xiōngdì-jiěmèi ma?
4. Tāmen de xiōngdì-jiěmèi dōu huì shuō Hànyǔ ma?

DIALOGUE 2

a. Shéi shì <u>Dōngwén</u> māma de péngyou?
b. Tāmen jiā yǒu jǐ ge rén?
c. <u>Máo</u> shūshu zuò shénme? <u>Máo</u> ayí ne?

General questions:

1. Nǐ bàba yǐqián shì zuò shénme de? Xiànzài ne?
2. Nǐ māma zuò shì ma?
3. Nǐ yǒu xiōngdì-jiěmèi ma?
4. Tāmen dōu shì zuò shénme de?

DIALOGUE 3

a. Nà jiā diàn mài shénme?
b. Kèrén yào hē shénme?
c. Kèrén hē shénme?

General questions:

1. Nǐ qù fànguǎnr chīfàn ma?
2. Nǐ qù de fànguǎnr mài shénme hē de?
3. Nǐ xǐhuan hē shénme?
4. Nǐ hē bīngshuǐ ma?

DIALOGUE 4

a. Tāmen qù nǎr? Qù zuò shénme?
b. Shéi qǐng kè?
c. Tāmen chī shénme?
d. Tāmen hē shénme?

General questions:

1. Nǐ xǐhuan chī xiǎochī ma?
2. Nǐ jiā nàr yǒu xiǎochīdiàn ma?
3. Nǐ chīfàn de shíhou xǐhuan hē shénme?
4. Nǐ hē jiǔ ma?

DIALOGUE 5

a. <u>Lǎo Qián</u> hé <u>Xiǎo Xiè</u> dōu xǐhuan chī shénme cài?
b. Nèige fànguǎnr de cài hǎochī?
c. <u>Zhōngguó</u> cài hěn hǎochī, hěn hǎokàn, yě hěn hǎozuò, duì ma?

General questions:

1. Nǐ xǐhuan chī shěnme cài?
2. Nǐ jiā nàr něige fànguǎnr de cài hǎochī?
3. Nǐ huì zuò fàn ma?
4. Nǐ zhī.dào zěnme zuò <u>Zhōngguó</u> cài ma?

[3]. Tell your partner something about *Máo* shūshu's family. (Dialogue 2)

TRANSLATION

1. She's an American now.

2. I wasn't tall before, (but) I've become very tall now.

3. I don't like to cook Chinese food anymore. It is too difficult to make.

4. I didn't like to watch TV before, but I like to now.

5. I liked to drink Coca-Cola before, but now I like to drink beer.

6. Please give me a glass of something alcoholic.

7. My uncle (younger brother of my father) is now a dad.

8. He doesn't eat breakfast (anymore).

9. I'm now rich. I don't like to buy cheap things anymore.

10. He doesn't buy fiction anymore.

11. They have become members of my family.

_____

12. I love to drink all kinds of beer. (Use topic-comment.)

_____

13. I like Chinese tea, but I don't like English tea. (Use topic-comment.)

_____

14. Chinese food, American food, Korean food—I like them all.

_____

15. This book of yours has increased in price (become expensive).

_____

16. He is going to have a child soon.

_____

17. My younger sister is about to go to school.

_____

8

Chuān de bù néng dài, dài de bù néng chuān
穿的不能戴, 戴的不能穿

SUBSTITUTION EXERCISES

[1]. Shorter modification of a noun

Cài hěn hǎochī.
New sentence: Wǒ yào yíge hěn hǎochī de cài.

a. Yǎnjìng hěn guì.

_____

b. Píxié hěn piàoliang.

_____

c. Shǒubiǎo hěn xīn.

_____

d. Xuésheng hěn cōngming.

_____

e. Yīfu hěn jiù.

_____

f. Píjiǔ hěn piányi.

_____

[2]. Longer modification with _de_

A. Longer string of modification (neutral focus)

Nèige rén hē píjiǔ. Wǒ gēge.
New sentence: Nèige hē píjiǔ de rén shì wǒ gēge.

a. Nèige nǚhái piàoliang. Wǒ mèimei.

_____

b. Nèige rén xǐhuan huà huàr. Wǒ dìdi.

_____

c. Nèige nǚrén chuān xīn yīfu. Wǒ jiějie.

_____

d. Nèi běn shū wǔshí kuài qián. Wǒ bàba de.

_____

e. Nèi kuài shǒubiǎo hǎokàn. Wǒ péngyou de.

_____

f. Nèige háizi zuì cōngming. Wǒ érzi.

_____

g. Nèige rén zuì huì zuò <u>Zhōngguó</u> cài. Wǒ māma.

_____

h. Nèi shuāng <u>Měiguó</u> píxié hěn guì. Wǒ de.

_____

B. Longer string of modification (focus on _that_ particular one)
Nèige rén hē píjiǔ. Wǒ gēge.
New sentence: Hē píjiǔ de nèige rén shì wǒ gēge.

a. Nèige nǚhái piàoliang. Wǒ mèimei.

_____

b. Nèige rén xǐhuan huà huàr. Wǒ dìdi.

_____

c. Nèige nǚrén chuān xīn yīfu. Wǒ jiějie.

_____

d. Nèi běn shū wǔshí kuài qián. Wǒ bàba de.

_____

e. Nèi kuài shǒubiǎo hǎokàn. Wǒ péngyou de.

_____

f. Nèige háizi zuì cōngming. Wǒ érzi.

_____

g. Nèige rén zuì huì zuò <u>Zhōngguó</u> cài. Wǒ māma.

_____

h. Nèi shuāng <u>Měiguó</u> píxié hěn guì. Wǒ de.

_____

[3]. Suggestions for action with the particle _ba_

Nǐ hē píjiǔ ba.
(_Nods._) → New sentence: Hǎo, wǒ hē píjiǔ.
or
(_Shakes head._) → New sentence: Bù xíng, wǒ bù néng hē píjiǔ.

a. Nǐ mǎi yǎnjìng ba.

_____

b. Nǐ hē kělè ba.

_____

c. Nǐ qù kàn diànyǐng ba.

_____

d. Nǐ mǎi píngguǒ ba.

_____

e. Wǒmen qù chī wǔfàn ba.

_____

f. Nǐ mǎi zhèi běn zázhì ba.

_____

g. Wǒmen qù <u>Fǎguó</u> fànguǎnr chī wǎnfàn ba.

_____

[4]. Confirming a fact with the particle *ba*

Nàlǐ de <u>Zhōngguó</u> cài hěn dìdao ba.
(*Nods.*) → New sentence: Duì, hěn dìdao.
or
(*Shakes head.*) → New sentence: Bù, nàr de <u>Zhōngguó</u> cài yìdiǎnr yě bú dìdao.

a. Nèi jiā shūdiàn hěn dà ba.

    _____

b. Nèi jù jùzi hěn nán ba.

    _____

c. Tā de shǒubiǎo hěn guì ba.

    _____

d. Dàxuésheng dōu hěn cōngming ba.

    _____

e. Cāntīng zuò de cài hěn hǎochī ba.

    _____

f. Nèige gùshi hěn yǒuyìsi ba.

    _____

[5]. Simultaneous action

Kàn shū. Xiě zì.
New sentence: Tā kànzhe shū xiě zì.

a. Kàn diànshì. Chīfàn.

    _____

b. Kàn diànshì. Hē píjiǔ.

    _____

c. Dài yǎnjìng. Kàn bào.

    _____

d. Chī dōngxi. Shuōhuà.

    _____

e. Shuōhuà. Hē chá.

    _____

GRAMMAR/VOCABULARY EXERCISES

[1]. Complete the following sentences.

a. Hǎo de diànshì _____

_____ .

b. Wáng tàitai de jiā _____

_____ .

c. Tā de Zhōngwén shū _____

_____ .

d. Jiāo wǒmen Rìyǔ de lǎoshī _____

_____ .

e. Wǒ māma huà de huàr _____

_____ .

f. Tā xiě de shū _____

_____ .

g. Wǒ péngyou zuì xǐhuan chī de cài _____

_____ .

h. Wǒ jiějie zuì ài kàn de diànyǐng _____

_____ .

[2]. Answer each of the following questions, and when doing so, omit the noun after the particle "de" in the question.

a. Zhè shì shéi de jiā? _____

b. Nǐ de shū guì háishi tā de shū guì? _____

c. Wǒmen xuéxiào yǒu 3,478 ge xuésheng. Yǒu 3,228 ge bù dǒng Zhōngwén. Yígòng yǒu duōshao dǒng Zhōngwén de xuésheng?

_____

d. Tā de nèi shuāng xīn xiézi $78.50, kěshì bú tài hǎokàn. Zhè shuāng jiù xiézi hěn hǎokàn, kěshì yào 100 duō kuài qián. Nǐ xǐhuan xīn de xiézi háishi jiù de xiézi? _____

[3]. Make sentences using each of the following patterns.

a. Yǒude…yǒude… _____

b. Verb-zhe… _____

c. Zěnmeyàng _____

CLASSROOM ACTIVITIES

[1]. Think of five things you can say about your best friend, such as "is smart", "loves Chinese food", "wears old clothes", etc. Now make up sentences about them using the modification *de*.

[2]. Take turns inviting a classmate to go for a Coke or a cup of coffee or a beer. The person you are inviting is then free to accept or reject your invitation, as long as they do so in Chinese.

[3]. State an opinion about something to a classmate using *ba*. The person must then agree or disagree.

TASK-BASED ACTIVITY

ROLE PLAY: SHOPPING

Pre-task:

1. The teacher introduces the topic and task.
2. Warm-up exercises: review key vocabulary and grammar structures

Key vocabulary:

Nouns:

diàn   bào   máobǐ   qiānbǐ   bǐ   shū   zázhì   dìtú
píxié   xié/xiézi   shǒubiǎo   yǎnjìng   yīfu
dōngxi   qián

Classifiers:

- fèn   -běn   -zhī   -zhāng   -shuāng   -kuài   -fù   -jiàn   -xiē
-jiā   -ge   -kuài   -máo   -fēn

Numbers:

yī, yì, yí   èr   sān   sì   wǔ   liù   qī   bā   jiǔ   shí   bǎi   líng   qiān

Quantities:

Duōshao? jǐ-? jǐ- liǎng-

Verbs:

méi.yǒu yǒu mǎi mài yào xiǎng chuān gòu zhǎo

Stative verbs:

dà guì hǎo piányi xiǎo piàoliang hǎokàn jiù xīn búcuò

Adverbs:

dōu hái jiù zhēn zhǐ zuì yígòng

Conjunctions:

háishi hé

Expressions:

qǐngwèn xièxie méi guānxi méi wèntí duìbuqǐ Zěnmeyàng?

Patterns:

yǒude…yǒude

Particles:

ba de ne -zhe

Grammar structures:

a. Modification of a noun
    i. hǎokàn de píxié
    ii. piányi de yīfu
b. The "one particular" modified noun
    i. Nèi tiáo piàoliang de yīfu duōshao qián?
    ii. Nèi kuài dà de shǒubiǎo tài guì le, kěyǐ piányi yìdiǎnr ma?
c. Final particle *ba*.
    i. Bào yídìng hěn piányi ba.
    ii. Nǐ kànkan zázhì ba.
d. Simultaneous actions
    i. Tā dàixhe yǎnjìng kàn zázhì.
e. Some do and some don't (*yǒude…yǒude*)
    i. Nèi jiā diàn de shǒubiǎo, yǒude guì, yǒude piányi.
f. money and prices (Chapter 6 grammar point)
    i. Qǐngwèn, X duōshao qián yí CL?
    ii. Qǐngwèn, X yí CL duōshao qián?
    iii. Qǐngwèn, duōshao qián yí CL X?

3. The teacher goes through the information below with the students to make sure that they understand the background of the scenario and are familiar with each role before carrying out the task.

Scenario:

Imagine that you are in a shop that has a limited inventory of items for sale. You are either the shopkeeper or a shopper. Conduct a conversation using as many vocabulary and grammar structures provided above as possible. You should make the conversation as interesting as possible. Below are the items available in the shop, together with their prices.

Task:

1. Work in pairs.
2. One of you is the shopkeeper, and the other is a shopper.
3. If you are the shopper, select the items you would like to buy. You may negotiate for a better price and/or you can be fussy. Your partner will be the shopkeeper. The shopkeeper should bear in mind that the company's policy is "the customer is always right". Thus, they should be very polite to the customer. You should use as many grammar points listed above as possible to achieve the result of mastering the grammar structures and being familiar with the vocabulary that you have learned so far associated with this scenario.
4. After doing all the shopping and paying the bill, report to the class what you have purchased, the price for each item, and how much you spent in total.

DIALOGUE EXERCISES

[1]. Practice each of the dialogues with your partner, replacing the names in the dialogue with your own names.

[2]. Answer the following questions according to the contents of the relevant dialogue.

DIALOGUE 1

a. Nèi jiā diàn mài shénme?
b. <u>Hànwén</u> de bàba huà huàr ma? Tā de huàr zěnmeyàng?
c. <u>Hànwén</u> de huàr zěnmeyàng?
d. <u>Guóyīng</u> qǐng shéi jiāo tā huà huàr?

General questions:

1. Nǐ huì huà huàr ma?
2. Nǐ xiǎng bu xiǎng xué huà huàr?
3. Nǐ bàba huì huà huàr ma? Nǐ māma ne?

DIALOGUE 2

a. <u>Xiè</u> xiānsheng de yǎnjìng duōshǎo qián yí fù?
b. Něi guó de yǎnjìng zuì guì?
c. Hǎokàn de yǎnjìng dōu hěn guì, duì ma?
d. Ní xǐhuan něi guó de yǎnjìng?

General questions:

1. Nǐ chuān de nèi shuāng xiézi zài nǎr mǎi de?
2. Duōshao qián yì shuāng?
3. Nàr mài <u>Fǎguó</u> píxié ma?
4. If no, Nàr mài něi guó píxié?
5. If yes, Nàr hái mài něi guó píxié?

DIALOGUE 3

a. Rìwén nán bu nánxué?
b. Huì shuō <u>Rìběn</u> huà de rén dōu huì xiě hànzì, duì ma?
c. Hànyǔ róngyì xué ma?

General questions:

1. Nǐ huì shuō <u>Rìběn</u> huà ma?
2. Huì shuō <u>Rìběn</u> huà de rén dōu huì xiě hànzì ma?
3. Nǐ huì xiě hànzì ma?
4. Hànzì nán bu nánxiě?

DIALOGUE 4

a. Lǎoshī shuō de gùshi zěnmeyàng?
b. Lǎoshī shuō de gùshi xuésheng dōu míngbai le ma?
c. Wǒmen kěyǐ chuān shénme dōngxi, dài shénme dōngxi?

General questions:

1. Nǐ zhī.dào "chuān de bù néng dài, dài de bù néng chuān" shì shénme yìsi ma?
2. Qǐng nǐ gàosu wǒ "chuān de bù néng dài, dài de bù néng chuān" shì shénme yìsi ne.
3. Lǎoshī shuō de měi yī jù Hànyǔ nǐ dōu dǒng ma?

DIALOGUE 5

a. Xuéxiào cāntīng zuò de <u>Fǎguó</u> cài zěnmeyàng?
b. <u>Xiáoměi</u> xǐhuan shénme?
c. <u>Āpíng</u> ne?

General questions:

1. Nǐmen xuéxiào de cāntīng mài bu mài <u>Fǎguó</u> cài?
2. Nǐmen xuéxiào de cāntīng mài bu mài <u>Zhōngguó</u> cài?
3. Nǐ xǐhuan chī něi guó cài?
4. Nǐ xǐhuan chīzhe fàn shuōhuà ma?

[3]. In pairs: A asks B a sentence in Chinese you do not know (from the written book). B explains the sentence in simple Chinese.

[4]. Explain in English: "Chuān de bù néng dài, dài de bù néng chuān" shì shénme yìsi?

TRANSLATION

1. The person who likes to tell stories the most is my father.

2. That pair of (eye) glasses he bought was expensive.

3. The clothes she wears are the best looking.

4. The food his mother cooks is delicious.

5. I want the big one, not the small one.

_____

6. The cola he likes to drink the most is Pepsi.

_____

7. Good-looking people wear good-looking shoes.

_____

8. The watch he wears is the most expensive.

_____

9. That smart kid is their son.

_____

10. Let's have (i.e. drink) a cup of coffee, all right?

_____

11. All Americans are tall, right?

_____

12. Never mind. I won't read the book you bought.

_____

13. He reads the paper as he eats.

_____

14. While he's watching TV, he's drinking a beer.

_____

15. How about letting me take a look at that book of yours.

_____

16. Some students are good people, some are neither good nor bad people, and
    some are bad people.

_____

17. He likes to buy the cheap stuff, not the expensive stuff.

_____

9

SUBSTITUTION EXERCISES

[1]. Zài: to be present at a location doing something

Tā zài xuéxiào niàn Zhōngwén. → kàn shū.
New sentence: Tā zài xuéxiào kàn shū.
or → jiā.
New sentence: Tā zài jiā kàn shū.

a. fángjiān _____

b. chénglǐ _____

c. túshūguǎn lǐ _____

d. lóuxià _____

Repeat the drill again, replacing the activity each time with each of the following activities.

a. kàn diànshì _____

b. chīfàn _____

c. kàn xiǎoshuō _____

d. mǎi dōngxi _____

[2]. Basic word order: Subject–point in time–place–action

Repeat the drill one more time, inserting *yǐqián* and then *xiànzài*. Don't forget to put in *le*.

a. kàn diànshì _____

b. chīfàn _____

c. kàn xiǎoshuō _____

d. mǎi dōngxi _____

a. kàn diànshì _____

b. chīfàn _____

c. kàn xiǎoshuō _____

d. mǎi dōngxi _____

GRAMMAR/VOCABULARY EXERCISES

[1]. **Connect one member of column A with one member of column B, adding**
zài **to form as many sentences as you can.**

A	B
fànguǎnr	hē píjiǔ
jiā	kàn diànshì
xuéxiào	chīfàn
chénglǐ	mǎi dōngxī
lóushàng	kàn mànhuà

_____

_____

_____

_____

[2]. **Change the following statements into questions using** *wèishénme*, **then an-
swer the questions using** *yīn.wèi*. **You may work in pairs.**

a. Tā māma xiànzài bú zuò shì le.

Q: _____

A: _____

b. Tā yào qù shāngdiàn mǎi shū.

Q: _____

A: _____

c. Xiǎomíng méi.yǒu chī zǎofàn. _____

   Q: _____

   A: _____

d. Nà jiā xiédiàn bù hǎo. _____

   Q: _____

   A: _____

CLASSROOM ACTIVITIES

[1]. The instructor calls the class roll, with the class providing the answer in unison for each name, using *zài* or *bú zài*.

[2]. The instructor asks the class in which country the following places are located.

a. Lúndūn (London)

b. Niǔyuē (New York)

c. Bālí (Paris)

d. Běijīng Dàxué

e. Shǒu'ěr (Seoul)

f. Dōngjīng (Tokyo)

g. Běijīng

[3]. The instructor places a book on top of the desk or table, then moves it underneath, to the left of, to the right of, in front of, and in back of the desk or table. With the first placement, the class is asked *"Shū zài shénme dìfāng?"* Subsequently, the class is asked: *"Shū zài nǎr le?"* This activity can be repeated using a pen, etc.

[4]. Place available items: books, pens, paper, newspapers, items of clothing on top of, then underneath, the desk (*zhuōzi*). Individual students are then asked such questions as *"Zhuōzi shàng yǒu shénme?"* or *"Zhuōzi shàng yǒu jǐ běn shū?"* The class repeats each answer.

[5]. Prepare a large version of the following map:

Lánzhōu

Xī'ān

Běijīng

Tiānjīn

Wǔhàn

Nánjīng

Shànghǎi

Kūnmíng

Guìlín

Guǎngzhōu

The instructor asks the students about the locations of the various places. The answers must be given in reference to another place. Example:

Lǎoshī: <u>Běijīng</u> zài <u>Tiānjīn</u> de něi.biānr?
Xuésheng: <u>Běijīng</u> zài <u>Tiānjīn</u> de xī.biānr.

Practice the use of the word *zhōngjiān*, using the same map.

TASK-BASED ACTIVITY

LISTENING COMPREHENSION

Pre-task:

1. The teacher introduces the topic and task.
2. Warm-up exercises: review key vocabulary and grammar structures of the passage.

   Key vocabulary:

   lóushàng   lóuxià   zuǒ.biānr   yòu.biānr   páng.biānr
   shàng.biānr   xià.biānr
   diàn   yǎnjìngdiàn   yīfu   zhuōzi   gùkè

   Grammar structures:

   a. Subject-*zài*-Location "to be located at"
      <u>Wáng Zhì</u> de shūdiàn zài lóushàng.
   b. (*Zài*) reference point (*de*) position
      <u>Zhōngwén</u> zázhì zài <u>Yīngwén</u> zázhì de shàng.biānr.
   c. Noun *de* position suffix
      <u>Yīngwén</u> zázhì de xià.biānr
   d. X *zài* A *hé* B *de zhōngjiān*
      Yǎnjìngdiàn zài yīfudiàn hé kāfēidiàn de zhōngjiān.
   e. Cause and effect *yīn.wèi…suǒyǐ…*
      Yīn.wèi bào hěn jiù, suǒyǐ gùkè xǐhuan chīzhe xiǎochī kàn zázhì, bù xǐhuan chīzhe xiǎochī kàn bào.

Task:

   Option 1

   1. Work in pairs.
   2. The teacher should give each student a piece of blank paper.
   3. The teacher plays the recording of a passage for students to listen to.
   4. Students write down the key information about the recording and discuss what they have heard with their partners.

5. The teacher plays the recording again and students draw a picture based on the recording.
6. Pairs of students compare with each other their pictures to check if there are any differences between them.
7. Students retell, pair by pair, the content of the passage based on what they have drawn.
8. If time is not sufficient for every pair to do their presentation, the teacher may instead choose two or three pairs to present their passage.
9. Discuss the differences.

Option 2
1. Work in pairs.
2. The teacher should give each student a piece of blank paper.
3. The teacher plays the recording of a passage for students to listen to.
4. Students write down the key information about the recording and discuss what they have heard with their partners.
5. The teacher plays the recording again and students draw a picture based on the recording.
6. The teacher shows the class the picture he or she has drawn ahead of time.
7. The teacher asks the students to compare their pictures with the picture the teacher has provided.
8. The teacher holds his or her picture up and asks the following questions:
    a. Qǐngwèn, <u>Wáng Zhì</u> de shūdiàn zài lóushàng háishi zài lóuxià?
    b. Yīfudiàn hé kāfēidiàn de zhōngjiān shì yǎnjingdiàn, duì ma?
    c. Xiǎochīdiàn zài nǎr?
    d. Xiǎochīdiàn páng.biānr de zhuōzi shàng yǒu shénme?
    e. Zhōngwén zázhì de xià.biānr shì shénme?
    f. Rìwén zázhì de shàng.biānr shì shénme?
    g. Zhōngwén zázhì hé Rìwén zázhì de zhōngjiān yǒu shénme?
    h. Zài zhuōzi xià yǒu shénme?
    i. Wèishénme gùkè xǐhuan kàn zázhì, bù xǐhuan kàn bào?
9. Students answer the questions.
10. The teacher may ask the students: *Tóngxuémen, tā <u>dá</u>* (answer) *duì le ma?*

DIALOGUE EXERCISES

[1]. **Practice reading each of the dialogues with your partner, replacing the names with your own names.**

[2]. **Answer the following questions according to the contents of the relevant dialogues.**

DIALOGUE 1

a. <u>Dàomíng</u> zhù zài nǎr?
b. Tā de bàba, māma ne?
c. Nǐ zhù nǎr?
d. Nǐ de fùmǔ ne?

General questions:

1. Qǐngwèn, nǐ zhù zài nǎr?
2. Nǐ bàba, māma ne?

DIALOGUE 2

Fill in the map according to the dialogue:

Wài.biānr:	Shàng.biānr:
	Xià.biānr:

General questions:

1. Nǐ xǐhuan qù chénglǐ mǎi dōngxi ma?
2. Nǐ jiā nàr zuì dà de yì jiā shāngdiàn zài něi tiáo lù?
3. Nǐ jiā nàr de shāngdiàn mài xiǎochī ma?
4. Nǐ jiā nàr de shāngdiàn mài bu mài yīfu?
   If yes, Zhèi jiā shāngdiàn mài shénme yīfu?
   If no, Nǐ chuān de yīfu shì zài nǎr mǎi de?

DIALOGUE 3

a. <u>Lǎo Gāo</u> yào mǎi shénme?
b. <u>Lǎo Zhāng</u> yào qù de xiédiàn zài nǎr?
c. Wèishénme <u>Lǎo Gāo</u> shuō nèi jiā xiédiàn bù xíng?

General questions:

1. Nǐ jiā nàr de shāngdiàn mài bu mài xiézi?
2. Nǐ xiànzài chuān de nèi shuāng xiézi shì zài nǎr mǎi de?
3. Nèi jiā xiédiàn mài de xiézi piányi ma?
4. Nǐ xiànzài chuān de nèi shuāng xiézi duōshao qián yì shuāng?

DIALOGUE 4

a. <u>Xiǎoliàng</u> duìmiàn zhù de shì nánde hàishi nǚde?
b. Zhèi ge nǚde, <u>Xiǎoliàng</u> rènshi ma?
c. <u>Xiǎoliàng</u> wèishénme bù rènshi tā de línjū?

General questions:

1. Nǐ rènshi nǐ de línjū ma?
   If yes, Tā jiào shénme míngzi? Nǐ xǐhuan bu xǐhuan nǐ de línjū?
   If no, Wèishénme nǐ bú rènshi nǐ de línjū? Nǐ xiǎng bu xiǎng rènshi nǐ de línjū?
   Wèishénme?

DIALOGUE 5

a. <u>Bēijīng Lù</u> zuǒ.biānr de nèi tiáo lù jiào shénme?
b. <u>Bēijīng Lù</u> hěn ānjìng, duì ma?
c. <u>Bái</u> xiānsheng yào zài zhèr mǎi yíge fángzi, duì ma?
d. Nǎr de fángzi guì, nǎr de piányi?

General questions:

1. Nǐ zhù de nèi tiáo lù jiào shénme?
2. Nǐ zhù de nèi tiáo lù ānjìng ma?
3. Nǐ xǐhuan zhù zài nèi tiáo lù ma?
4. Nàr de fángzi guì bu guì?

[3]. Use *wèishénme* and *yīn.wèi* to ask and answer questions based on the contents of the dialogues in this chapter.

TRANSLATION

1. I can speak English because I'm American.

   _____

2. Because it's American, the T-shirt's expensive.

   _____

3. The student is absent.

   _____

4. The house is right across from the university main entrance.

   _____

5. There are six rooms in that house.

   _____

6. Why does your father live in Beijing?

   _____

7. Because he loves to eat Chinese food.

   _____

8. Alongside the school is a small shop.

   _____

9. There are no jeans in that store.

   _____

10. Above, below, in front, in back—people are everywhere.

    _____

11. I used to live in the city, but now I don't anymore.

    _____

12. It's noisy upstairs, but quiet downstairs.

    _____

13. Why are there people in every direction?

    _____

14. They studied together before, but they don't now.

    _____

SUBSTITUTION EXERCISES

[1]. Coverb *duì*

Tā duì wǒ hěn <u>hǎo</u>. → kèqi
New sentence: Tā duì wǒ hěn kèqi.

a. bù hǎo _____

_____

b. shuō "Nǐ hǎo" _____

c. xiào _____

d. hěn bú kèqi _____

e. shuō "Nǐ zhēn bèn!" _____

f. tài hǎo le _____

[2]. Coverb *gēn*

Wǒ tóngshì gēn wǒ <u>shuō Zhōngwén</u>. → chī wǎnfàn
New sentence: Wǒ tóngshì gēn wǒ chī wǎnfàn.

a. kàn diànshì _____

_____

b. xué Rìwén _____

_____

c. qù mǎi dōngxi _____

_____

d. qù kàn diànyǐng _____

[3]. Coverb *gěi*

Tàitai gěi xiānsheng <u>zuò fàn</u>. → mǎi cài
New sentence: Tàitai gěi xiānsheng <u>mǎi cài</u>.

a. xiě xìn

_____

b. mǎi kùzi

_____

c. chǎo báicài

_____

d. wǔ kuài qián

_____

e. zuò yīfu

_____

f. mǎi dōngxi

_____

[4]. Coverb *tì*

Qǐng tì wǒ <u>xiě fēng xìn</u>, hǎo bu hǎo? → gàosu tā zhèi jiàn shì
New sentence: Qǐng tì wǒ gàosu tā zhèi jiàn shì, hǎo bu hǎo?

a. mǎi cài _____

_____

b. mǎi yì píng niúnǎi _____

_____

c. zuò wǎnfàn _____

_____

d. chǎo zhèige cài _____

_____

e. gàosu tā _____

_____

f.   xiě liǎng fēng xìn _____

_____

[5]. Coverb *yòng*

Wǒmen yòng shénme xiě zì? (máobǐ)
Answer: Wǒmen yòng <u>máobǐ</u> xiě zì.

a.   <u>Zhōngguó</u> rén yòng shénme chīfàn? (kuàizi)

_____

b.   <u>Měiguó</u> rén yòng shénme chīfàn? (dāo-chā)

_____

c.   <u>Zhōngguó</u> rén yòng shénme xiě zì? (máobǐ)

_____

d.   <u>Měiguó</u> rén yòng shénme xiě zì? (qiānbǐ)

_____

e.   Māma yòng shénme chǎo fàn? (zhūròu)

_____

[6]. Question word in the subject position plus *dōu*

Nǎr yǒu <u>Zhōngguó</u> rén? + dōu
Answer: Nǎr dōu yǒu <u>Zhōngguó</u> rén.

Questions:

a.   Shéi xǐhuan chī <u>Zhōngguó</u> cài? _____

_____

b.   Shéi zhī.dào tā de míngzi?_____

_____

c.   Nǎr mài <u>Zhōngguó</u> cài?_____

_____

d.   Něi guó de cài hǎochī? _____

_____

e. Shéi xǐhuan tā? _____

_____

f. Něige xuésheng huì shuō Yīngyǔ?_____

_____

g. Něi jiā kāfēidiàn mǎi de kāfēi hǎohē?_____

_____

h. Něige xuéxiào yǒu <u>Hánguó</u> xuésheng? _____

_____

[7]. Question word in the object position after the verb plus *dōu*

Nǐ xǐhuan kàn něi guó diànyǐng? + dōu
Answer: Wǒ něi guó diànyǐng dōu xǐhuan kàn.

Questions:

a. Tā xǐhuan kàn shénme shū?

_____

b. Tā xǐhuan chuān shénme yīfu?

_____

c. Tā xǐhuan chī shéi zuò de cài?

_____

d. Tā bù xǐhuan qù nǎr?

_____

e. Nèi jiā shūdiàn mài shénme shū?

_____

f. Tā xǐhuan qù nǎr?

_____

g. Zhèi jiā fànguǎnr mài shénme cài?

_____

Repeat the above exercise, moving each QW-noun or each object to the beginning of the sentence, creating a topic-comment sentence with the totalizer _dōu_. This places special emphasis on the noun.

Nǐ xǐhuan kàn něi guó diànyǐng? + dōu
Answer: Něi guó diànyǐng wǒ dōu xǐhuan kàn.

Questions:

a. Tā xǐhuan kàn shénme shū?

_____

b. Tā xǐhuan chuān shénme yīfu?

_____

c. Tā xǐhuan chī shéi zuò de cài?

_____

d. Tā bù xǐhuan qù nǎr?

_____

e. Nèi jiā shūdiàn mài shénme shū?

_____

f. Tā xǐhuan qù nǎr?

_____

g. Zhèi jiā fànguǎnr mài shénme cài?

_____

[8]. Negative questions
Answer each question by nodding or shaking head at the same time.

Nǐ méi.yǒu péngyou ma?
Answer: (_Nods._) Duì, wǒ méi.yǒu péngyou.
(_Shakes head._) Bù, wǒ yǒu péngyou.

a. Tā bú huì shuō Hànyǔ ma? _____

_____

b. Nǐmen bù xǐhuan zuò shēngyi ma? _____

_____

c. Dàxuésheng bù zū fángzi ma? _____

_____

d. Nǐmen de lǎobǎn bù hǎo ma? _____

_____

e. <u>Zhōngguó</u> cài bù hǎochī ma? _____

_____

f. Niúzǎikù bù hǎokàn ma? _____

_____

g. Nèi jiàn máoyī bú guì ma? _____

_____

[9].

A. Besides: *Chúle…yǐwài* with *yě*

Chúle wǒ yǐwài, wǒ gēge yě huì shuō Zhōngwén.
→ xiě hànzì
New sentence: Chúle wǒ yǐwài, wǒ gēge yě huì xiě hànzì.

a. yào xué Rìwén_____

_____

b. méi.yǒu nǚpéngyou_____

_____

c. zài zhèr niàn shū _____

_____

d. xǐhuan yòng kuàizi _____

_____

e. bú huì kāi qìchē_____

_____

f. bù xǐhuan <u>Yīngguó</u> cài_____

_____

B. In addition: *Chúle...yǐwài* **with** *hái/yě*
Chúle huì shuō Zhōngwén yǐwài, wǒ gēge yě/hái huì shuō Yīngwén.
→ xǐhuan kàn diànshì xǐhuan kàn diànyǐng
New sentence: Chúle xǐhuan kàn diànshì yǐwài, wǒ gēge yě/hái xǐhuan kàn diànyǐng.

a. yào xué Rìwén yào xué Hánwén

_____

b. yào qù Běijīng yào qù Shànghǎi

_____

c. yào qù Yīngguó niàn shū yào qù Měiguó niàn shū

_____

d. xǐhuan yòng kuàizi xǐhuan yòng dāo-chā

_____

e. xǐhuan qí zìxíngchē xǐhuan kāi qìchē

_____

f. bù xǐhuan chī Zhōngguó cài bù xǐhuan chī Fǎguó cài

_____

[10]. Except for: *chúle...yǐwài* **with** *dōu*
Chúle tā yǐwài, shéi dōu yào qù wánr.
→ bù xǐhuan nèi ge rén
New sentence: Chúle tā yǐwài, shéi dōubù
xǐhuan nèi ge rén.

a. yào dào nàr qù

_____

b. bú yào yòng nèige cèsuǒ

_____

c. huì qí zìxíngchē

_____

d. yào míngtiān qù

_____

e. xiǎng lái

_____

f. yào qù kàn lǎoshī

_____

[11]. *Guo* **as experience**
Nǐ qùguo <u>Běijīng</u> ma?
New sentence: Qùguo, wǒ qùguo <u>Běijīng</u>.

a. Nǐ chīguo <u>Fǎguó</u> cài ma?

_____

b. Nǐ kànguo <u>Zhōngguó</u> diànyǐng ma?

_____

c. Nǐ xuéguo Rìwén ma?

_____

d. Nǐ qùguo tā jiā ma?

_____

e. Nǐ xiěguo hànzì ma?

_____

f. Nǐ zuòguo Yīngguó qìchē ma?

_____

Repeat the drill, giving negative answers.

a. Nǐ chīguo <u>Fǎguó</u> cài ma?

_____

b. Nǐ kànguo <u>Zhōngguó</u> diànyǐng ma?

_____

c. Nǐ xuéguo Rìwén ma?

_____

d. Nǐ qùguo tā jiā ma?

_____

e. Nǐ xiěguo hànzì ma?

_____

f. Nǐ zuòguo Yīngguó qìchē ma?

_____

[12]. *Guo* **in completed action**
Wǒ chī zǎofàn. → guo
New sentence: Wǒ yǐjīng chīguo zǎofàn le.

a. hē píjiǔ

_____

b. liànxí hànzì

_____

c. qù xuéxiào

_____

d. kàn nèi běn shū

_____

e. mǎi dōngxi

_____

f. kàn péngyou

_____

GRAMMAR/VOCABULARY EXERCISES

[1]. Complete each of the sentences below using the words given in the box below.

yòng gěi gēn tì duì

a. Tā _____ Yīngwén xiě xìn.

b. Nǐ_____ wǒ mǎi liǎng zhī máobǐ, hǎo ma?

c. Nǐ kěyǐ _____ tā zuò fàn ma?

d. Shéi néng _____ Yīngwén _____ wǒ xiě yì fēng xìn?

e. Wǒ de dìdi bù _____ wǒ shuō Hànyǔ, tā zhǐ _____ wǒ shuō Yīngwén.

f. Tā shuō tā de Yīngwén lǎoshī _____ tā hěn hǎo, wǒ qǐng tā _____ wǒ
   jièshào tā de Yīngwén lǎoshī, tā shuō méi wèntí.

[2]. Correct any mistakes in the following sentences.

a. Wǒ xǐhuan qù chī wǔfàn wǒ de péngyou.

b. Yǒu de rén jiù kuàizi chīfàn.

c. <u>Lánlan</u> jiā dōu hěn hǎo duì wǒ.

d. <u>Wàn</u> tàitai jièshào wǒmen <u>Zhōngguó</u> cài.

e. <u>Zhōngguó</u> xiǎochī hěn hǎochī hěn piányi.

f. Wǒ jiārén xǐhuan chī wǎnfàn zài <u>Rìběn</u> fànguǎnr.

g. Wǒ xiǎng mǎi fángzi zài <u>Shànghǎi Lù</u>.

h. Wǒ xué Zhōngwén zài dàxué.

CLASSROOM ACTIVITIES

[1]. The instructor brings in a small bag of candy (*táng* or M&M's will work
   fine), then has pairs of students demonstrate a simple VO action with
   coverbs, using one of the sentences below.

Qǐng gēn tā chī táng.

Qǐng gěi tā chī táng.

Qǐng tì tā chī táng.

Qǐng yòng kuàizi chī táng.

Students are to act according to the sentence/request chosen. Continue the activity with other verb phrases; *kàn shū, shuōhuà, xiě xìn.*...Note: not all coverbs can be used with these verb phrases. If possible, use other coverbs, e.g. *duì*...in the sentences.

[2]. **Ask the student next to you what he/she likes to do. Then ask what else, using** *chúle...yǐwài.* **You get a bonus here if you can introduce (correctly, of course)** *dōu* **into the** *chúle...yǐwài* **pattern.**

TASK-BASED ACTIVITIES

ROLE PLAY

Pre-task:

1. The teacher introduces the topic and the task
2. Warm-up exercises:

   Main grammar points:
   coverbs (*duì, gēn, gěi, tì, yòng*)

   The grammatical function of coverb constructions (prepositional phrases) used as adverbial modifiers

Subject	Coverb	Thing/person	Predicate
	"to", "for" "with"etc.		-verb-(object) -stative verb

1. Tā duì wǒ hěn hǎo. / Tā duì wǒ bù hǎo.
2. Wǒ tóngshì gēn wǒ qù kàn diànyǐng. / Wǒ tóngshì bù gēn wǒ qù kàn diànyǐng.

3. Tā gěi wǒ xiānsheng xiě xìn. / Tā bù gěi wǒ xiānsheng xiě xìn.
4. Tā tì wǒ kǎoshì. / Tā bú tì wǒ kǎoshì
5. Wǒmen yòng kuàizi chīfàn. / Wǒmen bú yòng kuàizi chīfàn

Alternatively, the teacher may like to go through the grammar drills with students: Substitution exercises 1–5.

"in addition to, as well as": *Chúle…yǐwài,…dōu/yě…*

Scenario:

Imagine that you are very busy. You would like to hire a helper to assist you. There are three people applying for the job. You are going to interview them and determine who is the most suitable for the job. You may use the questions in the following table as a guideline or you may create your own questions.

Task:

1. Initially work in pairs.
2. Student A is the interviewer and Student B is the interviewee.
3. Ask all the questions listed in the table.
4. Record the answers.
5. When all the questions have been asked, interview another student.
6. Repeat the whole process until you have finished all three students.
7. Out of the three candidates, choose one of them.
8. Report back to the class how you made your choice.

	Questions	Student B	Student C	Student D
1.	Qǐngwèn, nǐ huì zuò Zhōngguó cài ma?			
2.	Nǐ néng tiāntiān gěi women zuò Zhōngguó cài ma?			
3.	Chúle huì zuò Zhōngguó cài yǐwài, nǐ hái huì zuò něi guó cài?			
4.	Nǐ huì xiě Yīngwén xìn ma? Nǐ néng gěi wǒ lǎobǎn xiě Yīngwén xìn ma?			
5.	Nǐ néng yòng Hànyǔ gēn wǒ māma liáotiān ma?			
6.	Nǐ měi tiān dōu kěyǐ gēn wǒ māma qù mǎi cài ma?			
7.	Nǐ huì yòng kuàizi chīfàn ma?			

	Questions	Student B	Student C	Student D
8.	Nǐ kěyǐ jiāo wǒ érzi yòng kuàizi chīfàn ma?			
9.	Chúle yòng kuàizi yǐwài, nǐ yě huì yòng dāo-chā ma?			
10.	Wǒ érzi měi tiān fàng huí jiā de shíhou, nǐ néng gěi wǒ dǎ diànhuà ma?			
11.	Nǐ huì duì wǒ érzi hé wǒ māma hǎo ma?			
12.	Nǐ huì duì wǒ jiārén hěn kèqi ma?			
13.	Nǐ kěyǐ tì wǒ érzi xiě zuòyè ("home-work") ma?			
14.	Nǐ huì tì wǒ gěi wǒ érzi de lǎoshī xiě xìn ma?			

Report:

After students have completed the task and as time permits, students will take turns reporting to the class:

1. Which candidate the student decided to hire.
2. Explain to the class how the decision was made.

TRANSLATION

Pre-task:

1. The teacher introduces the topic and task.
2. Warm-up exercises:

    Grammar structures:

    guo
    Anyone/everyone question words as "any"/ "all"
    Students practice grammar drills; substitution Exercise 6

Task:

1. Work in pairs.
2. Verbally translate the following dialogue into Chinese.

Dialogue

A: Have you ever been to China?

B: (I've) never been.

A: Would you like to go?

B: No.

A: In that case, which country would you like to go to?

B: I don't want to go to any country.

A: I am going to China. Would you like to buy something?

B: No.

A: Why (not)?

B: Because I don't want to buy anything.

A: You won't go with me? In that case, who would be good for me to go with?

B: You going with anyone would be bad.

A: Why?

B: Because all of your friends can speak Chinese.

Post task:

1. This task is to be done after students have completed the verbal translation.

2. Students present their completed translation, pair by pair, in class.

3. They should write down their summaries of the dialogue in Chinese in two or three sentences. The teacher may choose two or three pairs of students to present their dialogue summaries in class.

_____

_____

_____

_____

DIALOGUE EXERCISES

[1]. Practice each of the dialogues with your partner, replacing the names in the dialogue with your own names.

[2]. Answer the questions below according to the contents of the relevant dialogue.

DIALOGUE 1

a. Shéi huì xiě máobǐzì?
b. Xiǎo Fáng huì xiě hànzì ma?
c. Tā wèishénme bù xiě?
d. Máobǐzì xiě zài nǎr?

General questions:

1. Nǐ huì yòng qiānbǐ xiě hànzì ma?
2. Nǐ huì yòng máobǐ xiě hànzì ma?
3. Nǐ de jiārén shéi huì xiě máobǐzì?

DIALOGUE 2

a. Shéi gěi Jīngshēng xiě xìn?
b. Zhèi fēng xìn shì Zhōngwén de háishi Yīngwén de?
c. Xiě xìn de rén huì shuō Zhōngwén ma?
d. Wèishénme bú yòng Zhōngwén xiě xìn?

General questions:

1. Nǐ huì xiě Zhōngwén xìn ma?
2. Nǐ huì xiě Yīngwén xìn ma?
3. Nǐ gěi péngyou xiě xìn ma?
   If yes, Nǐ gěi shéi xiě xìn?
   If no, Wèishénme nǐ bù gěi péngyou xiě xìn?

DIALOGUE 3

a. Shéi gěi shéi dǎ diànhuà?
b. Dàmíng gěi Xiǎowén jièshào shénme lǎoshī?
c. Dàmíng de Yīngwén lǎoshī duì xuésheng hěn hǎo, shì ma?
d. Dàmíng yǒu lǎoshī de shǒujī hàomǎ ma?
e. Shéi huì gěi lǎoshī dǎ diànhuà?

General questions:

1. Nǐ de Zhōngwén lǎoshī hǎo ma?
2. Tā jiào shénme míngzi?
3. Nǐ xǐhuan tā ma?
4. Chúle Zhōngwén yǐwài, nǐ hái xué shénme?

DIALOGUE 4

a. <u>Hǎiyīng</u> yào kàn shénme shū?
b. Tā wèishénme yào kàn zhèixiē shū?
c. Zhèi mén kè nán bu nán? Wèishénme?

General questions:

1. Nǐ de kǎoshì kuài dào le ma?
2. Nǐ shénme shíhou kǎoshì?
3. Nǐ de Hànyǔ kè nán bu nán?
4. Nǐ de shū yòng Zhōngwén xiě de ma?

DIALOGUE 5

a. Nèi jiā fànguǎnr mài shénme cài?
b. Kèrén xiǎng chī shénme?
c. Nàr de shénme cài hěn yǒumíng?
d. Kèrén yòng shénme chīfàn?
e. Wǒmen kěyǐ yòng shénme chī <u>Zhōngguó</u> cài?
f. <u>Fǎguó</u> cài ne?

General questions:

1. Nǐ xǐhuan chī shénme ròu?
2. Nǐ xǐhuan chī shénme cài?
3. Nǐ xǐhuan qù fànguǎnr chīfàn ma?
4. Nǐ xǐhuan chī něi guó cài?
5. Nǐ jiā nàr yǒu <u>Zhōngguó</u> fànguǎnr ma?

[3]. **In pairs, make your own dialogue that takes place either in a store or in a restaurant (continuing Dialogue 5).**

TRANSLATION

1. You're too good to me.

   _____

2. Writing Chinese characters is very difficult for me.

   _____

3. I like to cook Chinese food with my friend.

   _____

4. I'll write a letter to my girlfriend.

    _____

5. "My uncle is really nice to me," he said to his mother.

    _____

6. I'm learning (how) to make clothes from my older sister.

    _____

7. Please take the exam for me.

    _____

8. My fellow student is having a drink for me because I don't know how to drink (liquor).

    _____

9. He's teaching Chinese for his teacher.

    _____

10. No, none of us have any chopsticks.

    _____

11. Aren't you going to buy (some) envelopes?

    _____

12. Aren't you giving him a bowl of (cooked) rice?

    _____

13. Isn't Beijing in China?

    _____

14. He doesn't know how to eat (a meal) with chopsticks.

    _____

15. Except for you, he doesn't like anybody.

    _____

16. Other than Chinese toilets, I like everything that's Chinese.

    _____

17. Beside English, he can speak Chinese and Japanese.

_____

18. Have you ever been to England? I have.

_____

19. Have you ever taken the train to Beijing? No, I haven't.

_____

20. I still haven't had breakfast. (Use -*guo*.)

_____

21. He is on the telephone!

_____

22. With whom would you like to go?

_____

23. Do you know how to use chopsticks?

_____

24. He is very nice to us.

_____

25. Please write these two Chinese characters for me.

_____

COMPLETE THE DIALOGUE

Complete each of the following dialogues based on the information given.

[1].

Gāo Jiāzhēn: Qǐngwén, nǐ jiào shénme míngzi?

Wáng Xiǎolán: _____ ?

Gāo Jiāzhēn: Wǒ jiào <u>Gāo Jiāzhēn</u>.

Wáng Xiǎolán: _____ , duì ma?

Gāo Jiāzhēn: Duì, wǒ shì <u>Zhōngguó</u> rén. _____ ?

Wáng Xiǎolán: Bù, wǒ shì <u>Měiguó</u> rén.

Gāo Jiāzhēn: Tā shì nǐ dìdi ma?

Wáng Xiǎolán: Bù, _____ ?

Gāo Jiāzhēn: Wǒ fùmǔ zhǐ yǒu wǒ yíge nǚ'ér. _____ ?

Wáng Xiǎolán: Wǒ dìdi zhǐ huì shuō Yīngyǔ.

[2].

A: Lǎobǎn, niúròu _____ ?

B: Wǔ kuài sān máo qián yì jīn _____ ?

A: Liǎng jīn.

B: _____ .

A: _____ .

B: Hǎo. Zhǎo nǐ sì máo.

FILL IN THE BLANK

For each of the following short passages, fill in each blank by choosing the most appropriate word from the alternatives provided in the box. You should not use any word more than once.

[1].

yě	yígòng	kěshì	kěyǐ	méi	jiàn	shuāng	hé	yào	ma

Wǒ bóbo yǒu yíge nǚ'ér, jiào <u>Píngping</u>. Tā xǐhuan mǎi yīfu, _____ xǐhuan mǎi xiézi. Tā _____ yǒu liùshísān _____ yīfu _____ èrshíqī _____ xiézi, _____ tā hái yào mǎi yīfu. Tā shuō tā _____ mǎi <u>Fǎguó</u> zuì piàoliang de yīfu. Wǒ māma shuō: "Mǎi <u>Fǎguó</u> de yīfu yào hěn duō qián, nǐ de qián gòu _____?" <u>Píngping</u> shuō: "Qián bú gòu _____ guānxi, wǒ bàba _____ gěi wǒ."

[2].

hē	kuài	bù	kěshì	yǐqián	jiā	liǎng	dìdao	rènshi	zài

Wǒ jiā duìmiàn yǒu yì _____ fànguǎnr, shēngyì hěn hǎo, kèrén bù shǎo. Fànguǎnr de lǎobǎn shì wǒ de péngyou, jiào <u>Zhāng Guówén</u>. Tā jiā yígòng yǒu wǔ kǒu rén, <u>Zhāng</u> xiānsheng, <u>Zhāng</u> tàitai, yíge nǚ'ér hé _____ ge érzi. <u>Zhāng</u> tàitai _____ zài zhōngxué jiāo Zhōngwén, xiànzài tā bù jiāo le.

_____ chī wǎnfàn le. Wǒ hé wǒ de nánpéngyou <u>Dàxī</u> qù <u>Zhāng</u> lǎobǎn de fànguǎnr chī wǎnfàn. <u>Zhāng</u> lǎobǎn bú _____ <u>Dàxī</u>, wǒ gàosu tā <u>Dàxī</u> shì wǒ de nánpéngyou, tā shì <u>Fǎguó</u> rén. <u>Zhāng</u> lǎobǎn shuō "Tài hǎo le!" Tā de kèrén _____ dōu shì <u>Zhōngguó</u> rén, yǒu hěn duō wàiguó rén xǐhuan _____ tā de fànguǎnr chīfàn. <u>Zhāng</u> lǎobǎn zuò de <u>Zhōngguó</u> cài hěn _____, <u>Dàxī</u> zuì xǐhuan chī dìdao de <u>Zhōngguó</u> cài le. <u>Dàxī</u> shuō <u>Zhōng</u>-<u>guó</u> cài hěn hǎochī, yě hěn hǎokàn, _____ bù róngyì zuò. <u>Dàxī</u> wèn <u>Zhāng</u>

lǎobǎn xǐhuan bù xǐhuan chī <u>Fǎguó</u> cài, <u>Zhāng</u> lǎobǎn shuō tā bù xǐhuan chī

<u>Fǎguó</u> cài, kěshì xǐhuan _____ <u>Fǎguó</u> jiǔ.

TRANSLATION

Translate each of the following sentences or passages into Chinese using *Hànyǔ Pīnyīn* romanization together with the correct tone marks over the correct letters.

[1].

My younger sister likes to buy expensive things. I say expensive things aren't necessarily good. That pair of shoes that she gave me were very expensive but they were not too good.

_____

_____

_____

_____

[2].

He likes to read while eating. I asked him what he was reading. He said it was a storybook. I asked him what he was eating. He said he didn't know.

_____

_____

_____

_____

[3].
a. I like to cook Chinese food with my friend.
b. You are too good to me!
c. The shoe shop is next to the main entrance of the school.
d. I used to eat Chinese food before, but now I do not anymore.
e. This is the French watch I bought at the shop behind our house.

a. _____

b. _____

c. _____

d. _____

e. _____

[4].

There are five people in my family. My father is the owner of a Chinese restaurant. He can speak Chinese, but my mother cannot (speak Chinese). Not both of my elder brothers can speak Chinese, but both can write some Chinese characters. None of us can speak Japanese. All of us can speak English.

_____

_____

_____

_____

[5].

Mr. Wang is the owner of a snack shop. His shop is located behind my home. To the left of the snack shop is a bookshop, and to the right is a clothing shop. The bookshop sells books, pens, newspapers, magazines, works of fiction, and dictionaries. The clothing shop sells shirts, T-shirts, sweaters, jeans, and socks. The snacks that Mr. Wang sells are all made by him. The snacks he sells are very expensive, but are very delicious. The snack shop also sells coffee, tea, cola, and milk. Both my older sister and I like to go there to eat lunch.

_____

_____

_____

_____

READING COMPREHENSION

Read each of the following passages and answer all the questions that follow it.

[1].

<u>Xiè Yīngmèi</u> shì <u>Měixī Dàxué</u> de <u>Zhōngguó</u> xuésheng. <u>Měixī Dàxué</u> zài <u>Běijīng Lù</u>, <u>Xiè Yīngmèi</u> yě zhù zài <u>Běijīng Lù</u>, tā jiā zài dàxué de dōng.biānr. Zhù zài tā lóushàng de shì yíge <u>Rìběn</u> nán háizi, jiào <u>Zhōngběn Yīyě</u>. Tā zài dàxué xué Yīngwén hé Zhōngwén. <u>Zhōngběn</u> hěn xǐhuan gēn <u>Xiè Yīngmèi</u> shuō Hànyǔ, wèn tā shū shàng de wèntí. <u>Xiè Yīngmèi</u> duì <u>Zhōngběn</u> yě hěn kèqi, hái qǐng tā chī <u>Zhōngguó</u> chǎofàn. Dàxué hé <u>Xiè Yīngmèi</u> jiā zhōngjiān yǒu yíge xiǎo fángzi, <u>Zhōngběn</u>

de nǔpéngyou hé tā fùmǔ jiù zhù zài nèi ge xiǎo fángzi lǐ. Tāmen jiā duìmiàn yǒu yì jiā hěn dà de shāngdiàn, shāngdiàn lóuxià yǒu shūdiàn, kāfēidiàn hé fànguǎnr, lóushàng chúle yǒu yǎnjingdiàn yǐwài, hái yǒu yì jiā <u>Zhōngguó</u> xiǎochīdiàn. <u>Zhōngběn</u> nǔpéngyou de jiārén dōubú huì shuō Rìyǔ, yě bú huì shuō Hànyǔ, tāmen zhǐ huì shuō Yīngwén. Yīn.wèi <u>Zhōngběn</u> de nǔpéngyou shì <u>Zhōngběn</u> de tóngxué, tāmen yíkuàir xué Zhōngwén, suǒyǐ <u>Zhōngběn</u> gēn tā shuō Hànyǔ. Tāmen hái xǐhuan qù duìmiàn nèi jiā <u>Zhōngguó</u> xiǎochīdiàn chī wǔfàn. <u>Xiè Yīngmèi</u> bù xǐhuan qù <u>Zhōngguó</u> xiǎochīdiàn chī wǔfàn. Tā xǐhuan qù lóuxià de kāfēidiàn hēzhe kāfēi gěi tā nǔpéngyou xiě xìn.

Answer the following questions based on the content of the above passage:

a. <u>Xiè Yīngmèi</u> shì něige dàxué de xuésheng?

_____

b. <u>Xiè Yīngmèi</u> zhù zài nǎr?

_____

c. Shéi shì <u>Xiè Yīngmèi</u> de línjū?

_____

d. <u>Zhōngběn Yīyě</u> xǐhuan zuò shénme?

_____

e. <u>Zhōngběn Yīyě</u> de nǔpéngyou hé tā fùmǔ zhù zài nǎr?

_____

f. <u>Zhōngběn Yīyě</u> nǔpéngyou jiā duìmiàn nèi jiā dà shāngdiàn de lóuxià yǒu shénme diàn? Lóushàng ne?

_____

g. <u>Zhōngběn</u> tāmen xǐhuan qù nǎr chī wǔfàn?

_____

[2].

<u>Zhāng</u> lǎobǎn xiǎng màigěi <u>Wáng</u> shūshu wàiguó zázhì, <u>Wáng</u> shūshu shuō tā bù xiǎng mǎi zázhì, tā xiǎng mǎi mànhuàshū. <u>Zhāng</u> lǎobǎn shuō tā nàr shénme dōu mài, kěshì bù mài mànhuàshū. <u>Zhāng</u> lǎobǎn wèn <u>Wáng</u> shūshu chúle mànhuàshū, tā hái xiǎng mǎi shénme, <u>Wáng</u> shūshu shuō tā xiǎng mǎi zìxíngchē, <u>Zhāng</u> lǎobǎn shuō tā gēge de diàn mài zìxíngchē.

"Nǐ gēge nàr mài de zìxíngchē guì ma?" <u>Wáng</u> shūshu wèn <u>Zhāng</u> lǎobǎn.

"Yǒu de guì, yǒu de piányi."

"Nǐ gēge nàr chúle zìxíngchē yǐwài, hái mài shénme?"

"Wǒ gēge nàr shénme dōubú mài, jiù mài zìxíngchē. Nǐ xiǎng mǎi Měiguó de zìxíngchē háishi Zhōngguó de zìxíngchē?" Zhāng lǎobǎn wèn.

"Wǒ xǐhuan Měiguó de, kěshì hěn guì. Nǐ zhī.dào Měiguó de zìxíngchē mài duōshǎo qián yí liàng ma?" Wáng shūshu wèn.

"Wǔbǎi kuài qián yí liàng."

"Wǔbǎi kuài qián? Wǔbǎi kuài qián bú guì."

"Bú guì ma? Wǒ de zázhì zhǐ mài sān kuài qián yì běn."

"Kěshì, wǒ bù xiǎng mǎi zázhì."

"Nǐ mǎi yībǎi běn zázhì, wǒ gěi nǐ yì běn cídiǎn, hǎo ma?"

"Nǐ gěi wǒ shí běn cídiǎn, wǒ yě bù mǎi zázhì."

"Nà, suànle."

"Búshì nǐ de zázhì bù hǎo, shì wǒ bù xǐhuan kàn zázhì."

"Méi guānxi. Nǐ bù mǎi, yǒu rén huì mǎi."

Answer the following questions based on the content of the above passage:

a. Zhāng lǎobǎn xiǎng màigěi Wáng shūshu shénme?

_____

b. Wáng shūshu xiǎng mǎi shénme?

_____

c. Zhāng lǎobǎn gēge de diàn mài shénme? Guì bu guì?

_____

d. Měiguó de zìxíngchē duōshǎo qián yí liàng?

_____

e. Zhāng lǎobǎn mài de zázhì duōshǎo qián yì běn?

_____

f. Wáng shūshu wèishéme bù mǎi Zhāng lǎobǎn de zázhì?

_____

[3].

Xiǎocōng de bàba shì Fǎguó rén. Wǒ bù zhī.dào tā xìng shénme, kěshì wǒ zhī.dào tā jiào Dàwéi. Xiǎocōng de māma shì Měiguó de Zhōngguó rén. Wǒ bù zhī.dào tā jiào shénme míngzi, wǒ jiào tā "Nánxī āyí". Tāmen yǐqián zhù zài Měiguó, xiànzài zhù zài Xīnxīlán. Dàwéi shūshu huì shuō Hànyǔ, yě huì xiě hànzì. Tā hěn xǐhuan yòng máobǐ xiě hànzì. Xiǎocōng de māma huì shuō Hànyǔ, kěshì bù huì xiě hànzì. Tā māma xiǎng xué xiě hànzì, kěshì tài máng le.

Xiǎocōng shì zhōngxuésheng, tā gēn wǒ shì tóngxué. Wǒmen de xuéxiào zhǐ yǒu nán xuésheng, méiyǒu nǚ xuésheng. Xiǎocōng yǒu liǎng gè dìdi. Tā de liǎng ge dìdi dōu huì shuō Hànyǔ, yě huì shuō Yīngyǔ, tāmen dōu shì xiǎoxuésheng.

Xiǎocōng de māma yǐqián shì lǎoshī, xiànzài zài jiālǐ gěi jiārén zuò fàn. Tā xǐhuan zuò fàn, tā zuò de Fǎguó cài hěn hàochī. Kěshì, Dàwéi shūshu shuō: "Xiǎo-cōng de māma zuò de Fǎguó tāng bú dìdao. Wǒ māma zuò de Fǎguó tāng hěn dìdao." Dàwéi de shūshu hěn xǐhuan qǐng kè, tā de péngyou dōu shuō Nánxī āyí zuò de Zhōngguó cài hěn dìdao. Nánxī āyí shuō:"Wǒ bù xǐhuan zuò Zhōngguó cài, wǒ xǐhuan zuò Fǎguó cài."

Dàwéi shūshu de diàn jiù zài Qiánmén Dàjiē. Tā de diàn mài hěn duō dōngxi, yǒu chènshān, hànshān, máoyī, niúzǎikù, qúnzi...Wǒ bù xǐhuan zài tāmen de diàn mǎi dōngxi, yīn.wèi nàr mài de dōngxi tài guì le.

Read the above passage carefully and identify the following five statements as being either true (duì) or false (bú duì):

a. Xiǎocōng de māma shì wǒ de āyí.   (duì)   (bú duì)

b. Xiǎocōng gēn tā de jiārén xiànzài zhù zài Xīnxīlán.   (duì)   (bú duì)

c. Xiǎocōng de bàba xǐhuan xiě máobǐzi.   (duì)   (bú duì)

d. "Wǒ" shì zhōngxuésheng.   (duì)   (bú duì)

e. Xiǎocōng māma zuò de Fǎguó cài hěn hàochī.   (duì)   (bú duì)

Answer the following questions based on the content of the above passage:

a. Dàwéi yǒu jǐ ge érzi? Jǐ ge nǚ'ér?

_____

b. Shéi shì Nánxī āyí?

_____

c. Xiǎocōng de māma zuò de cài dìdao ma?

_____

d. Xiǎocōng de bàba zuò shénme gōngzuò?

_____

e. "Wǒ" wèishéme bù xǐhuan zài Xiǎocōng de bàba de diàn mǎi dōngxi?

_____

11 Zhī.dào zěnme lái wǒ jiā ma?
知道怎么来我家吗?

SUBSTITUTION EXERCISES

[1]. Basic coming and going
A.

Tā lái/qù xuéxiào. → Běijīng
New sentence: Tā lái/qù Běijīng.

a. Měiguó _____

b. chēzhàn _____

c. lóushàng _____

d. yínháng _____

e. cèsuǒ _____

f. fēijīchǎng _____

g. shūdiàn _____

h. túshūguǎn _____

i. Hánguó _____

B.

Tā lái xuéxiào. → dào…lái/qù
New sentence: Tā dào xuéxiào lái/qù.

a. Měiguó _____

b. chēzhàn _____

c. lóushàng _____

d. yínháng _____

e. cèsuǒ _____

f. fēijīchǎng _____

g. shūdiàn _____

h. túshūguǎn _____

i. Hánguó _____

[2]. To and from: *Cóng, dào,* and *huí*

Gēge dào túshūguǎn qù. → Zhōngguó.
New sentence: Gēge dào Zhōngguó qù.

a. nǎr_____

b. wàitou _____

c. fángjiān _____

d. chéng lǐtou _____

e. huǒchēzhàn _____

f. xuéxiào _____

g. Rìběn _____

h. Běijīng _____

i. Hánguó _____

j. Xīnxīlán _____

Repeat using *cóng…lái*

Gēge cóng túshūguǎn lái. → Zhōngguó.
New sentence: Gēge cóng Zhōngguó lái.

a. nǎr_____

b. wàitou _____

c. fángjiān _____

d. chéng lǐtou _____

e. huǒchēzhàn _____

f. xuéxiào _____

g. Rìběn _____

h. Běijīng _____

i. Hánguó _____

j. Xīnxīlán _____

Repeat the drill, using *huí* (return) instead of *cóng* or *dào*.

a. nǎr_____

b. wàitou _____

c. fángjiān _____

d. chéng lǐtou _____

e. huǒchēzhàn _____

f. xuéxiào _____

g. Rìběn _____

h. Běijīng _____

i. Hánguó _____

j. Xīnxīlán _____

[3]. Toward a direction: *Wǎng*

Qǐng wǎng zuǒ.biānr zǒu. → lǐtou
New sentence: Qǐng wǎng lǐtou zǒu.

a. yòu.biānr_____

b. qián.biānr _____

c. hòutou _____

d. dàmén nàr_____

e. xī.biānr _____

f. nán.biānr_____

g. xiàtou _____

h. huǒchēzhàn nàr_____

[4]. Means of travel from A to B

A.

Tā cóng Zhōngguó zuò fēijī dào Yīngguó qù.
→ cóng Měiguó
New sentence: Tā cóng Měiguó zuò fēijī dào Yīngguó qù.

a. cóng <u>Rìběn</u> _____

_____

b. cóng <u>Xīnxīlán</u> _____

_____

c. cóng <u>Zhōngguó</u> _____

_____

B.
Tā cóng wǒ jiā zuò gōnggòng qìchē dào xuéxiào
→ zuò huǒchē
New sentence: Tā cóng wǒ jiā zuò huǒchē dào xuéxiào

a. qí zìxíngchē _____

b. kāi chē _____

c. zuò chūzū qìchē _____

[5]. Purpose (VO) of coming and going
Tā qù <u>Rìběn</u> niàn Rìwén. → zuò shēngyi
New sentence: Tā qù <u>Rìběn</u> zuò shēngyi.

a. kàn fùmǔ _____

b. xué Hànyǔ _____

c. kàn péngyou _____

d. mǎi dōngxi _____

Repeat the drill, using other place words learned to replace _Rìběn_.

a. kàn fùmǔ _____

b. xué Hànyǔ _____

c. kàn péngyou _____

d. mǎi dōngxi _____

[6]. Action in progress: _Zài…(zhe)…ne_
Tā zài kàn (zhe) diànshì ne. → xiě hànzì
New sentence: Tā zài xiě (zhe) hànzì ne.

a. chī wǔfàn

_____

b. niàn shū

_____

c. huà huàr

_____

d. gēn gēge xué qí zìxíngchē

_____

e. dǎ diànhuà

_____

f. gěi xuésheng shàng kè

_____

Repeat the above drill, adding _zhèng-_ in front of _zài_ to emphasize that the action is in progress right in the middle of that very moment.

a. chī wǔfàn

_____

b. niàn shū

_____

c. huà huàr

_____

d. gēn gēge xué qí zìxíngchē

_____

e. dǎ diànhuà

_____

f. gěi xuésheng shàng kè

_____

[7].
A. Description of a state: … _zhe_ … _ne_
Tā chuānzhe xīn máoyī ne. → ná yì běn shū
New sentence: Tā názhe yì běn shū ne.

a. dài yǎnjìng _____

b. hē píjiǔ _____

c. ná dōngxi _____

d. chī dōngxi _____

B. Description of a state: Stative verb *zhe ne*

Yǎnjīng hóngzhe ne. → Fángjiān kōng
New sentence: Fángjiān kōngzhe ne.

a. Tā máng. _____

b. Wǒmen dōu è. _____

c. Tā hǎo. _____

d. Hǎokàn de dìfang duō. _____

e. Tiān hái zǎo. _____

CLASSROOM ACTIVITIES

[1]. One student asks another how to go from one place to another, according to the map above, using the pattern: *"Cóng X dào Y zěnme zǒu?"* The other student then gives the directions.

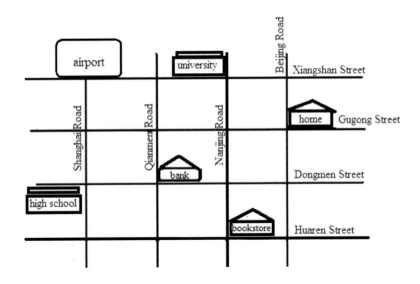

[2]. One student takes the role of a taxi driver, another of the passenger. Again, referring to the map above, the passenger tells the driver to go from home to a certain place. The driver can ask for clarifications. The following dialogue is given as an example.

A: Qǐngwèn, dào nǎr qù?

B: Dào túshūguǎn qù.

A: Wǎng qián zǒu, duì bu duì?

B: Bú duì. Děi wǎng zuǒ guǎi. Zài zǒu sān tiáo jiē jiù shì.

[3]. Bring in various pictures of people performing different types of activities, e.g. eating, reading, walking, working, getting on/off a bus, etc. Have students describe what is happening at the very moment (*zhèngzài* + verb) in those pictures.

TASK-BASED ACTIVITIES

LISTENING COMPREHENSION

Pre-task:

1. The teacher introduces the topic and task.
2. Warm-up exercises: review key vocabulary and grammar structures of the passage.

Key vocabulary:

wèn   lù

zhī.dào   wèn   xiǎng   děi   guǎi   zǒu   dào

qǐngwèn   dì-yī

zài   jiù

lǎobǎn   jiē   lù   shāngdiàn   Zhōngguó   Měiguó   Běijīng   Shànghǎi   Nánjīng

túshūguǎn   yínháng   xiǎochīdiàn   huǒchē   huǒchēzhàn   cèsuǒ   nàr

duìmiàn   páng.biānr   hòu.biānr

tiáo

Supplementary vocabulary:

Kǎitè (female name) "Kate"

ménkǒu "doorway"

lùkǒu "intersection"

Key grammar points:

a. From here to there: *cóng…dào…*

b. Action in progress *zhèng (zài)*…

c. Toward a direction: *wǎng qián zǒu; wǎng zuǒ guǎi*

    d. By what route? *Zěnme zǒu?*
    e. *Yǒu* sentence.
    f. *Shì* sentence.
    g. Location *zài*
        Subject–(point in time)–place–action
        Subject–(point in time)–(*zài*-location)–action

Task:

Option 1

1. Work in pairs.
2. The teacher should give each student a piece of blank paper.
3. The teacher plays the recording of a passage for students to listen to.
4. Students write down the key information about the recording and discuss what they have heard with their partners.
5. The teacher plays the recording again and students draw a picture based on the recording (the teacher may play the recording more than twice if the students have trouble taking down the details).
6. Pairs of students compare with each other their pictures to check if there are any differences between them.
7. Students retell, pair by pair, the content of the passage based on what they have drawn.
8. If time is not sufficient for every pair to do their presentation, the teacher may instead choose two or three pairs to present their passages.
9. Discuss the differences.

Option 2

1. Work in pairs.
2. The teacher should give each student a piece of blank paper.
3. The teacher plays the recording of a passage for students to listen to.
4. Students write down the key information about the recording and discuss what they have heard with their partners.
5. The teacher plays the recording again and students draw a picture based on the recording (the teacher may play the recording more than twice if students have trouble taking down the details).
6. The teacher shows the class the picture he or she has drawn ahead of time.
7. The teacher asks the students to compare their pictures with the picture that the teacher has provided.
8. The teacher holds his or her picture up and asks the following questions:
    a. Kǎitè zài nǎr?
    b. Tā xiǎng qù nǎr?
    c. Cóng shāngdiàn dào <u>Zhōngguó Yínháng</u> zěnme zǒu?
    d. <u>Zhōngguó Yínháng</u> zài něi tiáo jiē?

e. Cóng yínháng dào túshūguǎn zěnme zǒu?
f. Xiǎochīdiàn zài yínháng de yòu.biānr, duì ma?
g. <u>Shànghǎi Jiē</u> zài nǎr?
h. Túshūguǎn zài něi tiáo jiē?
i. Túshūguǎn nàr yǒu cèsuǒ ma?
j. Huǒchēzhàn zài nǎr?

9. Students answer the questions.
10. The teacher may ask the students: *Tóngxuémen, tā dá duì le ma?*

TRANSLATION

Pre-task:

1. The teacher introduces the topic and task.
2. Warm-up exercises:

Grammar structures:

a. Right in the middle of…: *zhèng* (*zài*) + verb
   Subject + *zhèng* (*zài*) + verb + (*zhe*) + object + (*ne*)
   Tā zhèng xiǎng gěi nǐ dǎ diànhuà ne.
b. Choice question (*háishi*)
c. Going for a purpose
   Subject + (*dào* place) + purpose + *lái/qù*
d. Going for a purpose
   Subject (*dào* place) + *lái/qù* + purpose
e. Between two points in time
   Cóng + time 1 + *dào* + time 2 + comment
f. Coverb *gěi* "to"
   Subject + *gěi* + somebody + predicate
   Wǒ gěi tā dǎ diànhuà.
g. Location *zài*
   Subject–(point in time)–place–action
   Subject–(point in time)–(*zài*-location)–action

Alternatively, the teacher may go through the grammar drills and substitution exercises 4–6 with students.

Task:

1. Work in pairs.
2. Complete the following translation:

A: Maomao, what are you thinking about at the moment?

_____

B: I am thinking at the moment of how (I) am going to get to Shanghai. Do you think it is better to go by plane or is it better to go by train?

_____

A: Of course it is better to go by plane.

_____

B: But taking a plane is too expensive.

_____

A: In that case, (I suggest that you) take a train. You are going to Shanghai to see your mother's sister, right?

_____

B: That's correct. My aunt says that she will be at home every day. Do you know where (I) can buy a ticket?

_____

A: You can buy one at the train station directly across from (our) school.

_____

B: I'll go buy a ticket this afternoon.

_____

A: After you get to Shanghai, where (else) will you go?

_____

B: I will take a plane from Shanghai to Nanjing with my aunt to have (some) fun.

_____

Report:
1. Students present their completed translation, pair by pair, in class.
2. For the summary writing, the teacher may choose a pair of students to present their dialogue in class, and the rest of the students need to listen to the dialogue and write down the summary of the dialogue in two or three Chinese sentences.
3. Some students might present their summaries verbally in class.

_____

_____

_____

_____

_____

DIALOGUE EXERCISES

[1]. Practice each dialogue with your partner. Replace the names in each dialogue with your own names.

[2]. Answer each of the following questions according to the contents of the relevant dialogue:

DIALOGUE 1

a. <u>Wénliàng</u> qù nǎr?
b. Tā zěnme qù?
c. <u>Xiǎoxǐ</u> qù nǎr?
d. Shéi názhe shū?

General questions:

1. Nǐ huì qí zìxíngchē ma?
2. Nǐ měi tiān dōu zěnme qù shàng kè?
3. Nǐ měi tiān dōu qù túshūguǎn zuò gōngkè ma?
4. Nǐmen xuéxiào yǒu méi.yǒu yínháng?

DIALOGUE 2

a. Qù fēijīchǎng zuò gōngjiāochē háishi zuò chūzūchē?
b. Dǎ dī qù fēijīchǎng yào duōshao qián?
c. Gōngjiāochē zhàn zài nǎr?

General questions:

1. Cóng nǐ jiā dào jīchǎng zěnme qù?
2. Nǐ shì zuò gōngjiāochē háishi zuò chūzūchē qù jīchǎng?
3. Cóng nǐ jiā dǎ dī dào jīchǎng yào duōshao qián?

DIALOGUE 3

a. <u>Yīngying</u> wèishénme shuō "āiya"?
b. <u>Měijìng</u> zhèngzài zuò shénme?
c. Lǎoshī yígòng yào <u>Yīngying</u> kàn duōshao yè shū?

General questions:

1. Nǐ měi tiān dōu zhǔnbèi gōngkè ma?
2. Nǐ shì zài túshūguǎn háishi zài jiālǐ zhǔnbèi gōngkè?
3. Lǎoshī měi tiān yào nǐmen kàn duōshao yè shū?

DIALOGUE 4

a. Lǎo Niú zài zuò shénme ne?
b. Tā wǎnshang yǒu méi.yǒu kòng?
c. Tāmen wǎnshang xiǎng zuò shénme?
d. Zěnme qù Xiǎo Gāo de jiā?
e. Shéi yě huì qù nàr?

General questions:

1. Nǐ měi tiān wǎnshang dōu yǒu kòng ma?
2. Nǐ měi tiān wǎnshang dōu zuò xiē shénme?
3. Nǐ měi tiān zěnme qù shàng kè?

DIALOGUE 5

a. Xiè xiānsheng yào qù nǎr?
b. Qù Nánjīng de huǒchē zài nǎge yuètái?
c. Dì-èr yuètái zài nǎr?

General questions:

1. Nǐ jiā nàr yǒu huǒchē ma?
2. Nǐ zuòguo huǒchē ma?
3. Huǒchē piào guì hàishi gōngjiāochē piào guì?
4. Cóng nǐ jiā zuò gōnggòng qìchē qù xuéxiào yào duōshao qián?

TRANSLATION

1. I want to go to China to study Chinese.

2. He's taking the plane to Japan.

3. How do I get to the airport from school?

4. What are you returning to America to do?

5. Please head toward the bank.

6. My sister really likes to go downtown to shop.

   _____

7. Class is over. Let's walk home.

   _____

8. Where do you want to go to have dinner?

   _____

9. The students are going to the university to attend class.

   _____

10. He's biking home from school.

    _____

11. All Americans want to go to China to do business.

    _____

12. Where's the toilet? How does one get there?

    _____

13. Come here! I want to speak to you.

    _____

14. My father is watching TV at this very moment.

    _____

15. He is driving.

    _____

16. He is taking a taxi from the (train) station to the library to read.

    _____

17. He is taking the bus from the university to my home to do homework.

    _____

18. He is going to the university library to prepare for the test.

    _____

19. They are taking the train from Nanjing to Beijing.

    _____

20. He is walking from the train station to the bank.

_____

A: Excuse me, how do you get to the train station?

_____

B: Head straight from here, go two blocks, and the train station will be on the right.

_____

A: Excuse me, how do you get to the bank?

_____

B: You head straight from here, when you get to the first intersection turn right, and on the left there will be a bank.

_____

A: Excuse me, by what means does one get from here to the airport?

_____

B: You can take the number 3 bus. The bus stop is up ahead.

_____

12

Nǐ zài Zhōngguó zhùle duō jiǔ le?
你在中国住了多久了?

SUBSTITUTION EXERCISES

[1]. Dates, clock time, and other points in time

A.

Tā zǎoshang lái zhǎo nǐ. → shàngwǔ
New sentence: Tā shàngwǔ lái zhǎo nǐ.

a. zhōngwǔ _____

b. xiàwǔ _____

c. wǎnshang _____

d. liǎng diǎn (zhōng) _____

e. xià ge yuè _____

f. shí diǎn bàn _____

g. Xīngqītiān _____

h. shànggeyuè _____

i. wǔ diǎn bàn _____

B.

Wǒ de shēngrì shì Wǔyuè èr hào. → Yīyuè shíèr hào
New sentence: Wǒ de shēngrì shì Yīyuè shíèr hào.

a. Èryuè sān hào _____

b. Jiǔyuè shí hào _____

c. Sìyuè èrshíwǔ hào _____

d. Liùyuè shíyī hào _____

e. Qīyuè èrshí hào _____

f. Shíyīyuè shíqī hào _____

C.

Xiànzài yī diǎn le. → jiǔ diǎn
New sentence: Xiànzài jiǔ diǎn le.

a. liǎng diǎn _____

b. wǔ diǎn _____

c. liù diǎn bàn _____

d. bā diǎn shíwǔ fēn _____

e. qī diǎn yī kè _____

f. shíyī diǎn sān kè _____

[2]. How many?

Wǒ kànle liǎng běn shū. → mǎi qúnzi
New sentence: Wǒ mǎile liǎng tiáo qúnzi.

a. kàn xiǎoshuō _____

b. hē píjiǔ _____

c. xiě xìn _____

d. chī mǐfàn _____

e. mǎi zázhì _____

[3]. For how long?

Wǒ kàn shū kànle liǎng tiān. → bàntiān
New sentence: Wǒ kàn shū kànle bàntiān.

a. hěn jiǔ

_____

b. yíge shàngwǔ

_____

c. yíge wǎnshang _____

d. yíge xiàwǔ _____

e. yì tiān _____

[4]. Which particular one?

Wǒ kànle nèi běn shū. → hē píjiǔ
New sentence: Wǒ hēle nèi bēi píjiǔ.

a. kàn nǐ gěi wǒ de shū _____

b. chī tā de nèi wǎn fàn _____

c. mǎi xiǎoshuō _____

d. hē kāfēi _____

e. mǎi chènshān _____

[5]. So far: How many?

Tā huāle sān kuài qián le.
→ kàn shū
New sentence: Tā kànle sān běn shū le.

a. mǎi chènshān _____

b. mǎi wàzi _____

c. xiě xìn _____

d. hē chá _____

e. chī mǐfàn _____

f. yòng zhǐ _____

[6]. Completed action *le* indicating "how long so far"

Tā liànxí shuō Zhōngwén liànxíle yì nián le. → sān tiān
New sentence: Tā liànxí shuō Zhōngwén liànxíle sān tiān le.

a. bàn nián

_____

b. yíge yuè

_____

c. èrshí tiān

_____

d. liǎng ge yuè

_____

e. hěn jiǔ

_____

f. bàntiān

_____

[7]. Continuation, "still" with _hái…ne_

10 years ago   present

A. Continuation of a verb:
Tā zài chī wǎnfàn ne. → hái…ne
New sentence: Tā hái zài chī wǎnfàn ne.

a. kàn shū _____

_____

b. shàng kè _____

c. kàn diànshì _____

d. xiě xìn _____

e. dǎ diànhuà _____

f. mǎi xiézi _____

B. Continuation of a stative verb:
Tā hěn è. → hái…ne
New sentence: Tā hái hěn è ne.

a. fángzi guì _____

b. tā máng _____

c. wǒ bǎo _____

d. shíjiān zǎo _____

e. dōngxi piányi _____

f. wàimiàn chǎo _____

[8]. "Still hasn't" with _hái méi…ne_
Tā chī wǎnfàn → hái méi…ne
New sentence: Tā hái méi chī wǎnfàn ne.

a. xiě zì _____

b. hē chá _____

c. zuò cài _____

d. mǎi kělè _____

e. kàn nèi běn shū _____

f. zuò wǔfàn _____

g. zuò zuòyè _____

[9]. *Bù* Negative "still don't/doesn't"

Tā bù chī wǎnfàn. → hái bù…ne

New sentence: Tā hái bù chī wǎnfàn ne.

a. chī zǎofàn _____

b. xǐhuan wǒ _____

c. xǐhuan xiě hànzì _____

d. qù shàng kè _____

e. huí jiā _____

f. hē kělè _____

CLASSROOM ACTIVITIES

[1]. The teacher asks students the following questions. The class repeats after each correct answer.

Jīntiān shì xīngqījǐ?   Hòutiān ne?

Zuótiān ne?   Qiántiān ne?

Míngtiān ne?

[2]. The teacher brings in a clock and asks individual students what time it is by moving the hands: *"Xiànzài jǐ diǎn?"* The class repeats after each correct answer.

Sample question and sample answer:

Q: Xiànzài jǐ diǎn?

A: Xiànzài qī diǎn.

[3]. Ask the following questions.

A. The year: *Jīnnián shì něi nián? Qùnián ne? Míngnián ne? Hòunián ne? Qián-nián ne?* Answer in terms of the PRC.

Jīnnián shì něi nián?

Qùnián ne?

Míngnián ne?

Hòunián ne?

Qiánnián ne?

B. The seasons in your country by month and day of the month. The class repeats after each correct answer.

Chūntiān shì cóng jǐyuè dào jǐyuè?

Xiàtiān shì cóng jǐyuè dào jǐyuè?

Qiūtiān shì cóng jǐyuè dào jǐyuè?

Dōngtiān shì cóng jǐyuè dào jǐyuè?

C. The month: *Xiànzài shì jǐyuè? Shàng (ge) yuè ne? Xià (ge) yuè ne?* It is permissible to use the English month to ask for a Chinese answer, for example, "October *shì jǐyuè?*" The class repeats after each correct answer.

Xiànzàishìjǐyuè?

Shànggeyuè ne?

Xià ge yuè ne?

四月						
			1	2	3	4
5	6	⑦	⑧	9	10	11
12	13	14	15	16	17	18
19	20	21	22	㉓	24	25
㉖	27	28	29	30	31	

D. The day of the month:

Jīntiān shì jǐyuè jǐhào?

E. Give entire dates, including years, months, days of the month, and days of the week: *Jīntiān shì něinián, jǐyuè, jǐhào, xīngqījǐ? Qiántiān ne?* etc.

[4]. The instructor brings in some pictures of well-known people and asks students the following questions concerning each person shown, using *hái, ne,* and *le* as much as possible. The answers should also use the same patterns.

a. Is he/she still an American? _____

b. Can he/she still speak English? _____

c. Is he/she still rich? _____

d. Do you still like him/her? _____

e. Do Chinese people still like him/her? _____

TASK-BASED ACTIVITY

ROLE PLAY: SHÀNGGE XĪNGQĪ NǏ ZUÒLE SHÉNME?

Pre-task:

1. The teacher introduces a topic and task
2. Warm-up exercises: review key vocabulary/grammar structures

Grammar Structures:

a. Completed Action in Chinese how many?
   Subj. Verb *le* Quantity
   Wǒ chīle liǎng ge cài, sān wǎn mǐfàn.
   Tā fāle sān ge/fēng duǎnxìn.
b. For how long?
   Subj. (Verb) (Obj.) Verb *le* Duration
   Wǒ xiěle yíge xiàwǔ.
c. Which particular one?
   Subj. Verb *le* (Modification)
   Wǒ hēle wǒ mǎi de nà bēi kāfēi.
   Wǒ hēle <u>Lánlan</u> gěi wǒ mǎi de nà bēi kāfēi.
d. How many so far?
   Subject Verb *le* Quantity Object *le*
   Wǒ xiěle yīqiān ge hànzì le.

Supplementary Vocabulary:

huí "return"
huí duǎnxìn "reply to text message"
Tā méi gěi wǒ huí duǎnxìn. "She did not reply to my text."
kǒuyǔ "oral language"

Scenario:

Two students come to class two hours earlier than expected. They sit on a bench outside the classrooms and start to chat. Student A is interested to find out how Student B spent her/his time last week.

The table below gives some of the information of how Student B spent her/his time last week.

Task A:

[1]. Translate the following table into Chinese.

Student B's diary entries:

Days	Activities
Monday	9:00–12:00 I attended Chinese class.
	12:00–2:00 I ate lunch. I was very hungry and ate two dishes and three bowls of rice.
	2:00–5:00 Chinese characters are really difficult to write. I wrote them for the entire afternoon.
Tuesday	9:00–12:00 I attended Chinese class and learned 25 Chinese characters.
	12:00–2:00 I went with *Lanlan* to the café directly across from the train station to eat lunch. The coffee served is really tasty. Besides drinking the cup of coffee that I bought (myself), I also drank the cup of coffee that Lanlan bought for me.
	2:00–5:00 I had no classes in the afternoon and phoned *Xiaoming*. I rang him a total of five times. *Xiaoming* was very unhappy. He said that he was very busy and that he didn't have free time to chat. He still had two homework assignments to do.

Days	Activities
Wednesday	9:00–12:00 I attended Chinese class. The teacher said that tomorrow morning at 11:30 he would test (us) on Chinese.
	12:00–2:00 I ate lunch at the school restaurant. I ate a bowl of chicken rice and drank a bottle of beer.
	2:00–5:00 I prepared at home for tomorrow's test. I was very studious.
Thursday	9:00–11:30 Today I attended Chinese oral (*kǒuyǔ*) class.
	11:30–12:00 Test. I was able to write all of the characters I had learned. At present I am already able to write 1,000 Chinese characters.
	12:00–2:00 Today I was very happy and invited *Xiaoming* to go (with me) to the snack shop to eat lunch. We ate a lot of delicious snacks.
	2:00–5:00 I taught my Chinese friends to speak English, and they taught me to speak Chinese.

Days	Activities
Friday	9:00–11:30 I attended Chinese class.
	12:00–2:00 After class I sent a text to *Lanlan*. I wanted to go with her to a restaurant on Beijing Road to eat lunch. I sent her three texts, but she did not reply to my text. I walked to a Korean restaurant to eat lunch. I ate two bowls of pork and cabbage rice and drank three cups of tea.
	2:00–5:00 I taught my Chinese friends to speak English, and they taught me to speak Chinese.
Saturday	9:00–11:30 I went to a shop downtown to buy (some) clothing. I bought two shirts and three pairs of pants.
	12:00–2:00 I returned home and made lunch. The food I cooked was not tasty. I only ate one bowl.
	2:00–5:00 I did (my) homework at home.

Days	Activities
Sunday	9:00–12:00 I watched TV at home.
	12:00–2:00 I went with *Lanlan* to eat lunch. I ate a bowl of beef and cabbage rice and drank a bottle of coke.
	2:00–5:00 I went to the library to read fiction. I read one book. This evening I will still read one more. I really like to read fiction.

Task B:

1. Work in pairs, one student being Student A and one being Student B.
2. Based on the information written in Student B's diary above, conduct a conversation.

Report:

After the students have completed the task, one or two pairs present the task in Chinese in class (more can do this if time permits).

DIALOGUE EXERCISES

[1]. Practice each dialogue with your partner. Replace the names in the dialogue with your own names.

[2]. Answer the following questions according to the content of each dialogue:

DIALOGUE 1

a. <u>Xiǎoyuè</u> wèishénme hái méi chī wǔfàn?
b. <u>Fāngfang</u> wèishénme hái méi chī wǔfàn?
c. Tāmen yào qù nǎr chī wǔfàn?
d. Xiànzài qù ma? Wèishénme?

General questions:

1. Nǐ chīle wǔfàn le ma?
2. Nǐ máng bu máng?
   If yes, Nǐ máng shénme?
   If no, Nǐ wèishénme bù máng?
3. Nǐ zhèige xīngqī de zuòyè zuòle ma?
4. Nǐ xǐhuan zài nǎr zuò zuòyè?

DIALOGUE 2

a. <u>Xiǎo Máo</u> zài <u>Zhōngguó</u> zhùle duō jiǔ le?
b. Tā qùle něixiē dìfang?
c. <u>Xiǎo Máo</u> zài <u>Běijīng</u> zhùle duō jiǔ?

General questions:

1. Nǐ zài <u>Zhōngguó</u> zhùguo ma?
   If yes, Nǐ zài <u>Zhōngguó</u> zhùle duō jiǔ le? Qùle něixiē dìfang? Nǐ hái xiǎng bù xiǎng qù <u>Zhōngguó</u>?
   If no, Nǐ xiǎng bu xiǎng qù <u>Zhōngguó</u>? If yes, Nǐ xiǎng qù <u>Zhōngguó</u> zuò shénme? If no, Nǐ wèishénme bù xiǎng qù <u>Zhōngguó</u>?

DIALOGUE 3

a. <u>Cōngcōng</u> wèishénme xiào?
b. Tā de fùmǔ zài nǎr?
c. Tāmen něi tiān lái kàn <u>Cōngcōng</u>?
d. Tāmen wèishénme lái?
e. Tāmen zěnme lái?
f. <u>Cōngcōng</u> jǐ diǎn qù jiē tāmen?

General questions:

1. Nǐ fùmǔ měi tiān dōu gěi nǐ fā duǎnxìn ma?
2. Tāmen yíge yuè gěi nǐ fā jǐ ge duǎnxìn?
3. Tāmen de duǎnxìn dōu shuōle xiē shénme?
4. Nǐ xǐhuan fā duǎnxìn ma?
5. Nǐ gěi shéi fā duǎnxìn?
6. Nǐ de shēngrì shì jǐ yuè jǐ hào?

DIALOGUE 4

a. <u>Fāngfang</u> hé <u>Xiǎo Bái</u> zài děng shéi?
b. <u>Lǎo Fáng</u> wèishénme hái méi.yǒu lái?

c. <u>Lǎo Fáng</u> shuō tā hái yào duō jiǔ cái néng dào?
d. <u>Fāngfang</u> hé <u>Xiǎo Bái</u> yǐjīng diǎnle jǐ ge cài?
e. Chúle yǐjīng diǎn de cài yǐwài, <u>Lǎo Fáng</u> hái yào <u>Xiǎo Bái</u> diǎn shénme?

General questions:

1. Nǐ de shǒujī hàomǎ shì duōshao?
2. Nǐ xǐhuan yòng shǒujī dǎ diànhuà ma?
3. Nǐ jīntiān gěi shéi dǎ diànhuà?
4. Nǐ xǐhuan qù fànguǎnr chīfàn ma?
5. Zài fànguǎnr, nǐ xǐhuan diǎn shénme cài?

DIALOGUE 5

a. Xīngqītiān <u>Míngkāi</u> yǒu kòng ma?
b. Wǔyuè èrshí hào <u>Míngkāi</u> yǒu kòng ma?
c. Xià Xīngqītiān <u>Jiāyǐng</u> yǒu kòng ma?
d. Xià Xīngqītiān zhōngwǔ tāmen zuò shénme?

General questions:

1. Nǐ zhèige Xīngqītiān yǒu kòng ma?
2. If yes, Nǐ xiǎng qù kàn diànyǐng ma?
3. If no, Nǐ máng xiē shénme?
4. Xià ge Xīngqītiān nǐ huì zuò shénme?
5. Cóng Xīngqīyī dào Xīngqītiān, nǐ něi tiān yǒu kòng?

TRANSLATION

1. He studied Japanese for five years.

2. He bought the watch that was made in Japan.

3. He used three pencils to write that letter.

4. My older sister cooked for three days.

5. She has bought three sweaters (so far).

b. qù wánr _____

_____

c. dào huǒchēzhàn qù _____

_____

d. huí jiā _____

_____

e. gēn tā qù kàn diànyǐng _____

_____

f. qù qí zìxíngchē _____

_____

C. With *jiù* and a second *le* at the end of the sentence (clarifying the sequencing of two actions that have already been completed)

Wǒ chīle wǎnfàn jiù zuò gōngkè le. → kàn diànshì
New sentence: Wǒ chīle wǎnfàn jiù kàn diànshì le.

a. qù wánr _____

_____

b. dào huǒchēzhàn qù _____

_____

c. huí jiā _____

_____

d. gēn tā qù kàn diànyǐng _____

_____

e. qù qí zìxíngchē _____

_____

[2]. Emphatically clarifying the sequence of two actions carried out by the same subject (*xiān...ránhòu*)

A. With *jiù*

Wǒ xiān chīle wǎnfàn, ránhòu jiù niàn shū. → gěi péngyou dǎ diànhuà
New sentence: Wǒ xiān chīle wǎnfàn, ránhòu jiù gěi péngyou dǎ diànhuà.

a. niàn shū _____

_____

b. qù wánr_____

_____

c. dào huǒchēzhàn qù _____

_____

d. huí jiā _____

_____

e. gēn tā qù kàn diànyǐng _____

_____

f. qù qí zìxíngchē _____

_____

B. With *zài* (further supporting the sequencing of the two actions)

Wǒ xiān chīle wǎnfàn, ránhòu zài niàn shū. → gěi péngyou dǎ diànhuà

New sentence: Wǒ xiān chīle wǎnfàn, ránhòu zài gěi péngyou dǎ diànhuà.

a. niàn shū _____

_____

b. qù wánr_____

_____

c. dào huǒchēzhàn qù _____

_____

d. huí jiā _____

_____

e. gēn tā qù kàn diànyǐng _____

_____

f. qù qí zìxíngchē _____

_____

C. With *cái* (emphasizing that without the completion of the first action, the second action is not possible)

Wǒ xiān chīle wǎnfàn, ránhòu cái niàn shū. → gěi péngyou dǎ diànhuà
New sentence: Wǒ xiān chīle wǎnfàn, ránhòu cái gěi péngyou dǎ diànhuà.

a. niàn shū _____

_____

b. qù wánr _____

_____

c. dào huǒchēzhàn qù _____

_____

d. huí jiā _____

_____

e. gēn tā qù kàn diànyǐng _____

_____

f. qù qí zìxíngchē _____

_____

[3]. On time/earlier than expected vs. later than expected

A. With jiù (action on time or earlier than expected)

Tā zǎoshang jiù lái. → hòutiān
New sentence: Tā hòutiān jiù lái.

a. wǎnshang _____

b. zhōngwǔ _____

c. míngtiān _____

d. jīntiān _____

e. xiàwǔ _____

B. With cái (action later than expected)

Tā zǎoshang cái lái. → qiántiān
New sentence: Tā qiántiān cái lái.

a. wǎnshang _____

b. zhōngwǔ _____

c. míngtiān _____

d. jīntiān _____

e. xiàwǔ _____

[4]. Necessary (*cái*) and sufficient (*jiù*) conditions

SAME SUBJECT CARRYING OUT BOTH ACTIONS

A. Existence of first action necessary for second action to be possible (*cái*)

Nǐ xiàle kè cái kěyǐ qù tā jiā. → zuòle zuòyè, kěyǐ qù kàn diànyǐng
New sentence: Nǐ zuòle zuòyè cái kěyǐ qù kàn diànyǐng.

a. dài yǎnjìng, néng kàn qīngchu _____

_____

b. chīle wǎnfàn, kěyǐ kàn diànshì _____

_____

c. měi tiān gōngzuò, yǒu qián mǎi dōngxi _____

_____

d. zuò zài qiánmiàn, néng kàn qīngchu _____

_____

B. First action sufficient to allow for second action to take place (*jiù*)

Nǐ qù wǒ cái huì qù. → zuòle zuòyè, kěyǐ qù kàn diànyǐng
New sentence: Nǐ zuòle zuòyè jiù kěyǐ qù kàn diànyǐng.

a. dài yǎnjìng, néng kàn qīngchu _____

_____

b. chīle wǎnfàn, kěyǐ kàn diànshì _____

_____

c. měi tiān gōngzuò, yǒu qián mǎi dōngxi _____

_____

d. zuò zài qiánmiàn, néng kàn qīngchu _____

_____

DIFFERENT SUBJECTS FOR EACH ACTION

A. Existence of first action necessary for second action to be possble (*cái*)

Nǐ lái wǒ **cái** qù.

Nǐ qù wǒ cái huì qù. → Nǐ zuòle zuòyè, wǒ qù nǐ jiā
New sentence: Nǐ zuòle zuòyè, wǒ cái qù nǐ jiā.

a. Nǐ nǔlì xuéxí, Māma huì gāoxìng _____

_____

b. Nǐ gěi wǒ fā duǎnxìn, Wǒ gēn nǐ qù guàng jiē _____

_____

c. Nǐ zuòle zuòyè, Wǒ gēn nǐ qù kàn diànyǐng _____

_____

d. Nǐ zuòle jīntiān de liànxí, Lǎoshī huì gāoxìng _____

_____

B. First action sufficient to allow for second action to take place (*jiù*)

Nǐ qù wǒ jiù huì qù. → Nǐ zuòle zuòyè, wǒ qù nǐ jiā
New sentence: Nǐ zuòle zuòyè, wǒ jiù qù nǐ jiā.

a. Nǐ nǔlì xuéxí, Māma huì gāoxìng _____

_____

b. Nǐ gěi wǒ fā duǎnxìn, Wǒ gēn nǐ qù guàng jiē _____

_____

c. Nǐ zuòle zuòyè, Wǒ gēn nǐ qù kàn diànyǐng _____

_____

d. Nǐ zuòle jīntiān de liànxí, Lǎoshī huì gāoxìng _____

_____

[5]. Time in terms of an event

Tā qù shàng kè yǐqián hěn bù gāoxìng. → chīfàn

New sentence: Tā chīfàn yǐqián hěn bù gāoxìng.

a. huí jiā _____

_____

b. gēn wǒ liáotiān _____

_____

c. qù mǎi dōngxi _____

_____

d. xiě xìn _____

_____

e. kàn diànshì _____

Repeat the drill twice, first substituting _yǐqián_ with _de shíhou_ and then with _yǐhòu_.

a. huí jiā _____

_____

b. gēn wǒ liáotiān _____

_____

c. qù mǎi dōngxi _____

_____

d. xiě xìn _____

_____

e. kàn diànshì _____

_____

a. huí jiā _____

_____

b. gēn wǒ liáotiān _____

_____

c. qù mǎi dōngxi _____

_____

d. xiě xìn _____

_____

e. kàn diànshì _____

_____

[6]. Manner of carrying out an action with *de* (manner-*de* V)

Tā gāoxìng, gěi péngyou dǎ diànhuà
New sentence: Tā gāoxìng de gěi péngyou dǎ diànhuà.

Tā gāoxìng **de**
gěi péngyou dǎ diànhuà.

a. ānjìng, zuò zuòyè _____

_____

b. shūfu, zuòzhe kàn zázhì _____

_____

c. gāoxìng, huí jiā zuò wǎnfàn _____

  _____

d. yònggōng, zuò zuòyè _____

  _____

CLASSROOM ACTIVITY

[1]. Tell the class what you did this morning: had breakfast, studied, went to class, etc. Be sure to use *le* and *jiù* as much as you can. You get a bonus if you can use *cái* correctly in your account.

TASK-BASED ACTIVITY

COMPLETING A DIALOGUE

Pre-task:

1. The teacher introduces the topic and task.
2. Warm-up exercises: review key vocabulary/grammar structures

   Grammar structures:

   a. Time vis-à-vis an event—action/event *yǐhòu*…
      <u>Màikè'ěr</u> huí jiā yǐhòu jiù juéde bù shūfu.

b. Completed action *le*: how many? (Chapter 12)
Subj. Verb *le* Quantity
Tāmen chīle hěn duō dōngxi, yě hēle hěn duo jiǔ

c. Sequential actions
Subj. 1 V1 *le* Obj. 1 *jiù* V2 Obj. 2 *le*
Tā chīle yìdiǎnr dōngxi jiù qù yīyuàn le.

d. Anyone/everyone—question words as "any"/ "all" (Chapter 10)
Nǎr dōubù shūfu.

e. Completed action *le* so far: How long? (Chapter 12)
Subj. (Verb) (Obj.) Verb *le* Duration *le*
Nǐ bìngle jǐ tiān le?

f. *Xiān* and *ránhòu*
Subj. 1 *xiān* Action 1 *ránhòu* Action
Wǒ xiān qù gěi qián, ránhòu huí jiā xiūxi.

Supplementary vocabulary:
Màikè'ěr (N) "Michael"
tǐwēn (N) "body temperature"
dì-èr tiān (time word) "the next day"
liáng (verb) "measure"
chīhuài dùzi (verb-object) "get sick because of bad food"

(Note: For warm-up exercises the teacher may choose some of the substitution exercises for students to practice.)

Task A:
1. Work in pairs.
2. Complete the following dialogue:

Zuótiān wǎnshang Màikè'ěr hé liǎng ge péngyou dào tā jiā duìmiàn de yī jiā fànguǎnr chīfàn. Tāmen chīle hěn duō dōngxi, yě hēle hěn duo jiǔ. Màikè'ěr huí jiā yǐhòu jiù juéde dùzi yǒu diǎnr bù shūfu. Dì-èr tiān zǎoshang tā dùzi hái téng, hái yǒu diǎnr fā shāo. Tā chīle yìdiǎnr dōngxi jiù qù yīyuàn kàn yīshēng.

Yīshēng:	_____?
Màikè'ěr:	Wǒ fā shāo, dùzi téng, nǎr dōubù shūfu.
Yīshēng:	_____?
Màikè'ěr:	Cóng zuótiān wǎnshang kāishǐ.
Yīshēng:	Nǐ tóu téng ma?
Màikè'ěr:	Bù téng.

(Yīshēng gěi <u>Màikè'ěr</u> liáng tǐwēn.)

Yīshēng:	Nǐ fā shāo le. Dùzi hěn téng ma?

<u>Màikè'ěr</u>: _____ .

Yīshēng: _____ ?

<u>Màikè'ěr</u>: Wǒ chīle hěn duō cài, hěn duō ròu, hái yǒu sān wǎn mǐfàn.

Yīshēng: Hē jiǔ le ma?

<u>Màikè'ěr</u>: _____ .

Yīshēng: Nánguài, nǐ chīhuài dùzi le. Jīntiān nǐ zhǐ kěyǐ chī mǐfàn, hē shuǐ.

<u>Màikè'ěr</u>: Kěyǐ hē jiǔ ma?

Yīshēng: Bù kěyǐ.

<u>Màikè'ěr</u>: _____ ?

Yīshēng: Búbì chī yào. Zhè jǐ tiān nǐ děi duō xiūxi, duō hē shuǐ, shǎo chī dōngxi.

<u>Màikè'ěr</u>: Hǎo. Wǒ xiān qù gěi qián, ránhòu huí jiā xiūxi. Xièxie.

Yīshēng: _____ .

Report for task A:

Students present their completed dialogue pair by pair in class. If time is not sufficient for everyone to do a presentation, the teacher may instead choose two or three pairs to present their dialogues in class.

Task B: (if time permits)

1. Work in pairs.
2. Prepare a summary about the dialogue.

Report for task B:

One or two students will then present their summaries verbally in class.

_____

_____

_____

_____

_____

DIALOGUE EXERCISES

[1]. Practice each dialogue with your partner, replacing the names in the dialogue with your own names.

[2]. Answer the questions according to the contents of the dialogues.

DIALOGUE 1

a. <u>Wàn Àimíng</u> jīntiān shàngwǔ gēn shéi shuōle huà?
b. Lǎoshī bìng le ma?
c. Tāmen shuōhuà de shíhou jǐ diǎn?
d. Lǎoshī wèishénme hái méi lái shàng kè?

General questions:

1. Nǐ zuótiān yǒu méi.yǒu shàng Zhōngwén kè?
2. Jīntiān nǐ shàng Zhōngwén kè yǐqián gēn shéi liáotiān?
3. Nǐ měi tiān jǐ diǎn shàng Zhōngwén kè?
4. Nǐ měi ge xīngqī shàng jǐ ge xiǎoshí de Zhōngwén kè?

DIALOGUE 2

a. <u>Yǐlè</u> zuótiān xiàwǔ zài nǎr? Zuò shénme?
b. Shéi qù zhǎo tā le?
c. Tā zhǎo <u>Yǐlè</u> yǒu shénme shì?
d. <u>Yǐlè</u> něi tiān kǎoshì?

General questions:

1. Zuótiān nǐ liànxí shuō Hànyǔ le ma?
   If yes, Nǐ liànxíle duō jiǔ?
   If no, Nǐ wèishénme méi.yǒu liànxí shuō Hànyǔ?
2. Jīntiān nǐ chīle wǔfàn yǐhòu, qù nǎr le?
3. Jīntiān xiàle kè, nǐ zuòle xiē shénme?

DIALOGUE 3

a. <u>Xiè Yuèpíng</u> xué Hànyǔ xuéle duō jiǔ le?
b. <u>Xiè Yuèpíng</u> lái <u>Zhōngguó</u> yǐqián xuéguo Hànyǔ ma?
c. <u>Xiè Yuèpíng</u> lái <u>Zhōngguó</u> yǐqián zài nǎr xuéguo Hànyǔ?
d. <u>Xiè Yuèpíng</u> yǒu hěn duō <u>Zhōngguó</u> péngyou ma?
e. <u>Xiè Yuèpíng</u> chángcháng gēn péngyou shuō Hànyǔ ma?

General questions:

1. Nǐ xué Hànyǔ xuéle duō jiǔ le?
2. Nǐ shì xiān zài zhōngxué xué Hànyǔ, ránhòu cái zài dàxué xué de ma?
3. Nǐ yǒu méi.yǒu <u>Zhōngguó</u> péngyou?
4. Nǐ chángcháng gēn péngyou shuō Hànyǔ ma?

DIALOGUE 4

a. <u>Lǎo Wáng</u> hé <u>Lǎo Xiè</u> zài děng shéi?
b. <u>Lǎo Zhāng</u> wèishénme méi.yǒu lái?
c. Tā nǎr bù shūfu?
d. Tā qù kàn bìngle ma?
e. Yīshēng zěnme shuō?
f. Qiántiān shàngwǔ <u>Lǎo Zhāng</u> gēn shéi yíkuàir hē jiǔ le?
g. Jīntiān <u>Lǎo Zhāng</u> huì bu huì lái? Wèishénme?
h. Tāmen hái děng bu děng <u>Lǎo Zhāng</u>?

General questions:

1. Nǐ xǐhuan hē jiǔ ma?
2. Nǐ chángcháng hē jiǔ ma?
3. Nǐ shēng bìng le, nǐ huì qù kàn yīshēng ma? Wèishénme?

DIALOGUE 5

a. <u>Xiǎo Shū</u> zuótiān de zuòyè zuò le ma? Wèishénme?
b. <u>Xiǎo Shū</u> láidejí zuò zuòyè ma?
c. <u>Xiǎo Shū</u> hǎo le ma?
d. Jīntiān xià kè yǐhòu <u>Xiǎo Shū</u> qù nǎr xiě zuòyè?

General questions:

1. Zuótiān de zuòyè nǐ zuò le ma?
2. Nǐ měi tiān yǒu zuòyè ma?
3. Nǐ yíge xīngqī děi zuò duōshao ge xiǎoshí de zuòyè?
4. Nǐ xǐhuan zuò zuòyè ma?
5. Nǐ xiàle kè jiù qù túshūguǎn zuò zuòyè ma?

TRANSLATION

1. Before coming to America, he was a teacher.

2. When he was a student, he loved to drink beer.

    _____

3. After studying Japanese, he thought that he preferred Chinese.

    _____

4. Only after I read the easy book did I read the difficult one.

    _____

5. Please finish dinner and then come.

    _____

6. No wonder he quickly went back.

    _____

7. Only after knowing how to use chopsticks did I like to eat Chinese food.

    _____

8. My father didn't get here until noon.

    _____

9. He is going to the library first, and then he is going home.

    _____

10. After he sees the doctor, he will go home and take medicine.

    _____

11. After he has texted his girlfriend, he will phone me.

    _____

12. After he took his medicine, he was better.

    _____

13. After he drank that bowl of soup, his stomach hurt.

    _____

14. After finishing class, I will then go stroll around.

    _____

15. We will hand in our homework and then go home.

_____

16. She will first go to see the doctor, and after that she will go home to rest.

_____

17. He will first go to class, and after that he will go stroll around.

_____

18. He will first go home and after that drive to shop.

_____

19. Class starts at 9:00, and he didn't come until 9:30.

_____

20. Class starts at 9:00, and he was there by 8:00.

_____

21. (If) you go, then I'll go, and (if) you don't go, then I also don't want to go.

_____

22. He said only if the teacher goes will he go.

_____

23. He very skillfully (literally "fluently") answered the questions of others.

_____

24. He very happily ran home.

_____

25. He read in detail that letter you wrote to him.

_____

Nǐ zěnme zǒu de zhème màn?
你怎么走得这么慢?

SUBSTITUTION EXERCISES

[1]. Customary verbal manner with *de*
Tā kāi chē kāi de hěn kuài. → hǎo
New sentence: Tā kāi chē kāi de hěn hǎo.

a. màn _____

b. jǐnzhāng _____

c. bù hǎo _____

d. búcuò _____

[2]. Focus on object
Tā shuō Zhōngwén shuō de hěn màn.
New sentence: Tā Zhōngwén shuō de hěn màn.

a. kāi qìchē, tài kuài _____

_____

b. zuò <u>Zhōngguó</u> cài, búcuò

_____

c. qǐ chuáng, hěn zǎo

_____

d. xiě nèi fēng xìn, hěn yǒuyìsi

_____

e. shuō Rìyǔ, hěn liúlì

_____

[3]. If…then

Yàoshi tā qù nǐ jiā, wǒ jiù bú qù le. → lái xuéxiào
New sentence: Yàoshi tá lái xuéxiào, wǒ jiù bù lái le.

a. kàn diànshì _____

_____

b. xué Fǎwén _____

_____

c. yào chū mén _____

_____

d. mǎi hēi kùzi _____

_____

e. yào xiūxi _____

_____

f. qù kàn péngyou _____

_____

g. qù qí zìxíngchē _____

_____

[4]. Not X but rather Y

Tā búshì <u>Zhōngguó</u> rén érshì <u>Rìběn</u> rén. → <u>Měiguó</u> rén…<u>Yīngguó</u> rén
New sentence: Tā búshì <u>Měiguó</u> rén érshì <u>Yīngguó</u> rén.

a. shàng Zhōngwén kè…shàng Yīngwén kè _____

_____

b. cōngming…yònggōng _____

_____

c. kuài…cōngming _____

_____

d. màn…lèi _____

_____

e. lái xuéxiào…huí jiā _____

_____

f. zuò gōngjiāochē qù…kāi chē qù _____

_____

g. yào xiào…yào kū _____

_____

CLASSROOM ACTIVITIES

[1]. The teacher brings to class paper and pens/pencils of different colors and asks the class *"Zhèi zhāng zhǐ/ Zhèi zhī bǐ shénme yánsè?"* while showing each item in turn.

[2]. The teacher asks several classmates about colors, first asking the colors of different items in the classroom—clothing, pencils and pens, books, etc.— followed by asking students their favorite colors for different items: cars, dresses, shirts, etc. Students should keep a list of what each person said and report this information to the class.

_____

_____

_____

_____

[3]. Ask a classmate what he or she would do: If (*yàoshi…jiù…*), he or she…

a. Had a million dollars

b. Could speak Chinese very well

c. Did not have to come to class anymore

d. Were president (*zǒngtǒng*) of the United States.

[4]. Prepare a short presentation to the class about the abilities/skills of various people you know (e.g. family members, close friends, teachers, etc.) to carry out certain tasks (e.g. speaking, cooking, writing, driving, studying, etc.).

e.g. Wǒ jiějie shuō Hànyǔ, shuō de hěn liúlì.

_____

_____

_____

_____

[5]. According to the pictures for this exercise provided in the student exercise book, describe the manner in which the following actions are being carried out using the pattern "verb *de* manner".

a.

_____

_____

_____

_____

b.

_____

_____

_____

_____

c.

_____

_____

_____

_____

d.

_____

_____

_____

_____

e.

f.

TASK-BASED ACTIVITIES

ROLE PLAY

Task A

Pre-task:

1. The teacher introduces a topic and task.
2. Warm-up exercises: review key vocabulary and useful sentences.

Key vocabulary:

yánsè(-sè) bái fěnhóng hēi hóng huáng huī lán lǜ zǐ qiǎn shēn

juéde hǎokàn piàoliang piányi guì gòu

lǎobǎn chènshān hànshān kùzi máoyī nèiyī niúzǎikù qúnzi wàiyī wàzi tiáo jiàn

Supplementary vocabulary:

shì "try (on)"

Useful sentences:

Lǎobǎn, wǒ kànkan nèi jiàn X.

Nǐ kàn nèi jiàn, nǐ juéde hǎokàn ma?

Zhèige yánsè bù hǎokàn, yǒu biéde yánsè ma?

Chúle zhè yánsè yǐwài, hái yǒu biéde méi.yǒu?

Yánsè hěn hǎokàn. Nǐ chuān nèige yánsè zhēn piàoliang.

Nǐ kàn zhèi jiàn hǎokàn ma?

Nà, jiù mǎi nèi jiàn ba.

Dōushao qián?

X duōshao qián yí jiàn?/ X, yí jiàn duōshao qián?

Tài guì le.

Zhèi jiàn hěn piàoliang, wǒ kěyǐ shìshi ma?

Nǐ shì yíxià ba.

Tài dà le, yǒu xiǎo yìdiǎnr de ma?

Nǐ děng yi děng, wǒ qù kànkan.

Piányi yìdiǎnr ba!

Yǐjīng gòu piányi de le! X kuài qián yí jiàn, nǐ shàng nǎr qù mǎi ya!

X kuài zěnmeyàng?

X kuài? Tai guì le. Wǒ bú yào le!

Jiù mài nǐ X kuài qián ba!

Zhǎo nǐ…qián.

(Note: The teacher may go through all the sentences and make sure students understand the meaning and usage of the sentences.)

Scenario:

Imagine that you are at a shopping mall looking to buy some clothes. Conduct a dialogue between you and the shopkeeper. Your conversation should include negotiating with the shopkeeper over the price.

Task:

1. Work in pairs.
2. Imagine that you are the customer, and your partner is the shopkeeper.
3. You may act as a picky and calculating customer.
4. Construct a dialogue recording the conversation between you and the shopkeeper.
5. You may use some of the useful sentences given above.

Report:

Students present their completed dialogue pair by pair in class. If time is not sufficient for everyone to do a presentation, the teacher may instead choose two or three pairs to present their dialogues in class.

Task B

Pre-task:

1. The teacher introduces a topic and task
2. Warm-up exercises: review key vocabulary/useful sentences

Key vocabulary:

yánsè(-sè) bái fěnhóng hēi hóng huáng huī lán lǜ zǐ qiǎn shēn
juéde hǎokàn piàoliang piányi guì gòu
xiézi píxié
-shuāng

Supplementary vocabulary:

shì "try (on)"

Useful sentences:

Lǎobǎn, gěi wǒ nèi shuāng xié, hǎo ma?
Zhèi shuāng yánsè bù hǎokàn, yǒu biéde yánsè ma?
Chúle zhè yánsè yǐwài, hái yǒu biéde yánsè de méi.yǒu?
Yánsè hěn hǎokàn. Nǐ chuān nèige yánsè zhēn piàoliang.
Nǐ kàn zhèi shuāng hǎokàn ma?
Nà, jiù mǎi nèi shuāng ba.
Duōshao qián?
X duōshao qián yí shuāng?/X, yí shuāng duōshao qián?
Tài guì le.
Nǐ shì yíxià ba!
Wǒ kěyǐ shìshi ma?
Tài dà le. Yǒu xiǎo yīdiǎnr de ma?
Nǐ děng yi děng, wǒ qù kànkan.
Piányi yīdiǎnr ba!
Yǐjīng gòu piányi de le! X kuài qián yì shuāng, nǐ shàng nǎr qù mǎi yá?
X kuài zěnmeyàng?
Jiù mài nǐ X kuài ba!
Nǐ kàn hǎokàn ma?
Hǎokàn. Shūfu ma?
Hěn shūfu. Hǎo, jiù yào zhè shuāng ba!
Zhǎo nǐ X qián.

(Note: The teacher may go through all of the sentences and make sure students understand their meanings and usages.)

Scenario:

Imagine that you are at a shopping mall looking at a pair of shoes. Conduct a dialogue between you and the shopkeeper. Your conversation should include negotiating with the shopkeeper over the price.

Task:

1. Work in pairs.
2. Imagine that you are the customer and your partner is the shopkeeper.
3. You may act as a picky and calculating customer.
4. Construct a dialogue detailing the conversation between you and the shopkeeper.
5. You may use some of the useful sentences given above.

Report:

Students present their completed dialogue pair by pair in class. If time is not sufficient for everyone to do a presentation, the teacher may instead choose two or three pairs to present their dialogues in class.

DIALOGUE EXERCISES

[1]. Practice each dialogue with your partner, replacing the names in each dialogue with your own names.

[2]. Answer each of the questions according to the contents of the respective dialogue.

DIALOGUE 1

a. Huǒchē shénme shíhou <u>kāi</u>?
b. <u>Yīngying</u> wèishénme zǒubukuài?
c. Yǐhòu chū mén de shíhou yào zěnmeyàng?

General questions:

1. Nǐ zuòguo huǒchē ma?
2. Nǐ zǒulù zǒu de kuài bu kuài?
3. Nǐ shénme shíhou zǒu de bú kuài?
4. Nǐ chū mén de shíhou xínglǐ duō bu duō?

DIALOGUE 2

a. <u>Róngrong</u> zěnme le?
b. Tā bìng de lìhài ma?
c. Tā qù kànle yīshēng le ma?
d. Yīshēng gěile tā shénme?

General questions:

1. Nǐ bìng de shíhou qù bu qù kàn yīshēng?
2. Nǐ jiā nàr yǒu méi.yǒu yīshēng?
3. Nǐ qù kàn bìng de shíhou, yīshēng huì gěi nǐ shénme yánsè de yào?

DIALOGUE 3

a. Shéi mǎile yí jiàn xīn máoyī?
b. Nèi jiàn máoyī shì shénme yánsè de?
c. Wèishénme tā mǎile dì-èr jiàn huī máoyī?

General questions:

1. Nǐ chuān de yīfu shì shéi gěi nǐ mǎi de? Shì xīn de ma?
2. Nǐ xǐhuan shénme yánsè de máoyī?
3. Nǐ jiā nàr de diàn mài bu mài máoyī?

DIALOGUE 4

a. <u>Bái Jīngliàng</u> hé <u>Wàn Zìhǎi</u> zài shuō shéi?
b. Nèiwèi xiǎojiě de nánpéngyou shì shéi?
c. Tā chuān shénme yīfu?
d. <u>Bái Jīngliàng</u> zěnme huì rènshi <u>Xiǎo Zhāng</u>?

General questions:

1. Nǐ fùmǔ huì shuō Zhōngwén ma?
2. Nǐ huì shuō Zhōngwén ma?
3. Nǐ Zhōngwén shuō de zěnmeyàng?
4. Nǐ yǒu méi.yǒu nán/nǚpéngyou?

DIALOGUE 5

a. <u>Hóngwén</u> nèi tiān qùle nǎr?
b. Tā mǎile xiē shénme?
c. <u>Yuèyīng</u> xǐhuan <u>Hóngwén</u> mǎi de shénme dōngxi?

General questions:

1. Nǐ chángcháng qù dà shāngchǎng mǎi dōngxi ma?
2. Nǐ xǐhuan guàng jiē ma?
3. Nǐ chángcháng gēn shéi qù mǎi dōngxi?
4. Nǐ xǐhuan chuān shénme yánsè de yīfu?
5. Nǐ mǎi de yīfu guì bu guì?

[3]. Tell your partner in a short passage about the girl in Dialogue 4.

[4]. Sell an item of your clothing or something you have to your dialogue partner:

a. What is it?
b. Why should your classmate buy it?
c. How much is it?
d. Whcn can he or she get it?

TRANSLATION

1. My mother cooks very well.

    _____

2. He drives too fast.

    _____

3. She speaks English too quickly and Chinese too slowly.

    _____

4. My older brother cooks food so badly that no one wants to eat it.

    _____

5. He writes Chinese characters so beautifully that everyone wants to see them.

    _____

6. If you're going to China, then I won't go.

    _____

7. If you tell her she's beautiful, then she'll like you.

    _____

8. *Xiaomei* gave me many colored pencils (cǎisè bǐ). There are red ones, black ones, green ones, purple ones, dark blue ones, pink ones, light gray ones, and white ones.

    _____

9. That man is 25 years old this year. How old was he last year?

    _____

10. Please wait for a moment. I want to introduce my good friend to you.

    _____

11. They eat quickly.

    _____

12. *Xiaoming* draws pictures quietly.

    _____

13. His younger sister studies Chinese diligently.

_____

14. My teacher speaks French fluently.

_____

15. As for Chinese food, my mother cooks it in an authentic manner. As for Japanese food, my mother doesn't cook it in an authentic manner.

_____

16. As for Chinese, he speaks it very quickly. As for English, he speaks it quite slowly.

_____

17. It isn't green clothing that she likes, but rather red clothing.

_____

18. It isn't that he likes taking the bus, but rather that he likes riding a bicycle.

_____

19. It isn't that he likes to eat chicken, but rather it is that he likes to eat pork.

_____

20. His car isn't yellow, but rather brown.

_____

21. If it were me, I wouldn't study painting.

_____

22. If he weren't too tired, he wouldn't go home.

_____

23. If he didn't like her, he would not go look for her.

_____

24. He gets up very late every day.

_____

25. He is not coming. It is not because he is nervous, but rather because he is too exhausted.

_____

SUBSTITUTION EXERCISES

[1]. Complex movement: Verbs of motion + displacement + direction

Qǐng nǐ pǎo shànglai. → zǒu
New sentence: Qǐng nǐ zǒu shànglai.

a. bān _____

b. sòng _____

c. dài _____

d. kāi _____

Repeat the drill above, substituting each of the following sentence-final displacement + direction combinations.

a. xiàqu

   i. _____

   ii. _____

   iii. _____

   iv. _____

b. chūlai

   i. _____

   ii. _____

   iii. _____

   iv. _____

c. jìnqu

   i. _____

   ii. _____

   iii. _____

   iv. _____

d. huílai

   i. _____

   ii. _____

   iii. _____

   iv. _____

e. guòlai

   i. _____

   ii. _____

   iii. _____

   iv. _____

[2]. Complex motion with explicit location

Lǎoshī zǒushàng lóu qù le. → pǎochū mén qù
New sentence: Lǎoshī pǎochū mén qù le.

a. zǒuguò jiē _____

b. pǎoxià lóu _____

c. páshàng shān_____

d. kāishàng shān _____

[3]. Displacement without motion-generating verb

Lǎoshī bú zài jiā, tā chūqu le. → shàng bān
New sentence: Lǎoshī shàng bān qù le.

a. dào yínháng

_____

b. huí xuéxiào

_____

c. xià lóu

_____

d. shàng shān

_____

[4]. Use of _huòzhě_ "or"

Nǐ kěyǐ zǒulù qù huòzhě kāi qìchē qù.
→ kàn shū…kàn diànshì
New sentence: Nǐ kěyǐ kàn shū huòzhě kàn diànshì.

a. zài jiālǐ chīfàn…qù fànguǎnr chīfàn

_____

b. huí xuéxiào…huí jiā

_____

c. hē kělè…hē chá

_____

d. niàn Rìwén…niàn Zhōngwén

_____

e. jīntiān lái…míngtiān lái

_____

[5]. If not X, then Y

Tā búshì <u>Zhōngguó</u> rén, jiùshì <u>Rìběn</u> rén.
→ <u>Měiguó</u> rén…<u>Yīngguó</u> rén
New sentence: Tā búshì <u>Měiguó</u> rén, jiùshì <u>Yīngguó</u> rén.

Use the same cues as for Exercise 4, making sure you know the difference in meaning.

e.g. Tā búshì zǒulù qù, jiùshì kāi qìchē qù.
Tā búshì kàn shū, jiùshì kàn dianshì.

a. zài jiālǐ chīfàn…qù fànguǎnr chīfàn

_____

b. huí xuéxiào…huí jiā

_____

c. hē kělè…hē chá

_____

d. niàn Rìwén…niàn Zhōngwén

_____

e. jīntiān lái…míngtiān lái

_____

[6]. Emphasis with (shì)…de

Tā qiántiān yǒu shì.
→ shì…de
New sentence: Tā <u>shì</u> qiántiān yǒu shì <u>de</u>.
→ zuò fēijī lái
New sentence: Tā shì qiántiān zuò fēijī lái de.

a. xiàtiān _____

b. shàng Xīngqīwǔ _____

c. jīnnián _____

d. Xīngqītiān_____

e. sān diǎn zhōng _____

[7]. Emphasis with shì
A. Before an Auxiliary Verb

Tā xiǎng míngtiān qù Táiběi.
New sentence: Tā shì xiǎng míngtiān qù <u>Táiběi</u>.
→ xià Lǐbàisān
New sentence: Tā shì xiǎng xià Lǐbàisān qù <u>Táiběi</u>.

a. zuótiān

_____

b. qiántiān

_____

c. shàngge xīngqī

_____

d. míngtiān

_____

B. Before a Stative Verb

Tā hěn gāo.
New sentence: Tā shì hěn gāo.
→ máng
New sentence: Tā shì hěn máng.

a. hǎokàn _____

b. kèqi _____

c. cōngming _____

d. yǒumíng _____

e. gāoxìng _____

f. yònggōng _____

GRAMMAR/VOCABULARY EXERCISES

[1]. Make sentences by using each of the sentence patterns given below.

a. shì…de _____

b. búshì…jiùshì… _____

[2]. Complete each of the following sentences.

a. Tā cóng túshūguǎn zǒu _____

_____ .

b. Wǒ zài tā jiā děng tā, děng le yíge zhōngtóu, kěshì tā hái méi _____

_____ .

c. Tā xiān sòng tā mèimei _____ cái dài tā dìdi _____ .

d. Tā shì bān _____ háishi bān _____ .

CLASSROOM ACTIVITIES

[1]. The class will practice the two verbs *zhàn* "stand" and *zuò* "sit", with the teacher asking the class to say "stand up" and "sit down" in Chinese. Individual students will then request other individuals, addressing them by their Chinese names, to either stand up or sit down. Students should not forget to use *qǐng* "please" before each request.

[2]. The teacher will bring in simple, hand-drawn pictures of the following scenes (or will draw them on the board):

a. A human figure (A *xiānsheng*) at the top of a mountain and a human figure at the bottom of the mountain (B *xiǎojie*).
b. A fat human figure (C *Lǎo*) standing inside a house and a thin human figure (D *Xiǎo*) standing outside the house.
c. A human figure (E *laŏshī*) standing at an intersection of a very busy road and a street with no traffic on it.

Students will work in pairs, talking about each of the pictures as follows:

a. The ability of A *xiānsheng* and B *xiǎojie* walking/running up/down the mountain, them doing so for various purposes, etc.
b. The abilities of each person to come in/go out (by walking/running/climbing), and the purposes of doing so.
c. The ability of E *laŏshī* to cross each of the streets by walking/running and the purposes of doing so.

[3]. Describe the complex motion that is taking place in relation to the mountain, road, etc., that the person is walking/running/climbing/driving up/down/across, etc.

a.

Dàmíng

_____
_____
_____
_____

b.

Xiǎomíng

_____
_____
_____
_____

c.

Gao làoshi   Wáng shushu

Xiǎomíng

_____
_____
_____
_____

d.

_____
_____
_____
_____

e.

Lánlan

_____
_____
_____
_____

f.

Māma

Dàmíng

_____
_____
_____

g.

_____
_____
_____
_____

h.

_____
_____
_____
_____

TASK-BASED ACTIVITY

LISTENING COMPREHENSION

Pre-task:

1. The teacher introduces the topic and task.
2. Warm-up exercises: review key vocabulary and grammar structures of the passage.

Key vocabulary:

chénglǐ   gōngyù   wòshì   chúfáng   kètīng   chuáng   diànshì   yǐzi
fànzhuō   bān

jìnqu   guā dàfēng   xià dà yǔ   qiántiān   xià xuě   zuótiān   guā fēng
diàntī   gāoxìng   tiānqì   bānjiā   fā   duǎnxìn   dōngxi   yǐhòu   fànguǎnr
wǎnfàn

yíge wòshì   yì zhāng chuáng   liǎng bǎ yǐzi   yì zhāng fànzhuō

Grammar structures:

a. Subject-*zài*-Location-Action (Chapter 9)
   <u>Wáng Guóhuá</u> zài chénglǐ mǎile yí ge gōngyù.
b. "in addition to, as well as": *Chúle… yǐwài,… dōu/yě/hái…* (Chapter 10)
   Chúle yíge wòshì, hái yǒu chúfáng, kètīng hé cèsuǒ.
c. If not X then Y (*búshì… jiùshì…*)
   Měi tiān búshì guā dà fēng, jiùshì xià dà yǔ.
d. Cause and Effect *yīn.wèi… suǒyǐ…* (Chapter 9)
   Yīn.wèi tiānqì hǎo le, suǒyǐ tā kěyǐ bān jiā le.
e. Coverb gěi… (Chapter 10)
   Subject + *gěi* + Somebody + Predicate
   Tā gěi liǎng ge péngyou fāle ge duǎnxìn.
f. Sequential Actions
   Subj. 1 + V1 + *le* + Obj. 1 + *jiù* + V2 + Obj. 2
   Dōngxi dōu bānle yǐhòu, tāmen jiù qù yì jiā <u>Zhōngguó</u> fànguǎnr chī wǎnfàn.

Supplementary vocabulary:

Wáng Guóhuá (name of a person)
huài "bad, out of order"
Chīhuài le "digestive problem due to eating the wrong food" (Chapter 13)
Diàntī huài le. "the elevator is out of order"
bāng "help"
Tāmen hěn kuài de jiù lái bāng tā bān dōngxi.

Task:

Option 1

1. Work in pairs.
2. The teacher plays the recording of a passage for students to listen to.
3. Students write down the key information about the recording and discuss what they have heard with their partners.
4. Pairs of students compare with each other the information they have written down to check if there are any differences between them.
5. Students retell, pair by pair, the content of the passage based on what they have written.
6. If time is not sufficient for every pair to do their presentation, the teacher may instead choose two or three pairs to present their passage.
7. Discuss the differences.

_____

_____

_____

_____

Option 2

1. Work in pairs.
2. The teacher plays the recording of a passage for students to listen to.
3. Students write down the key information about the recording and discuss what they have heard with their partners.
4. The teacher asks the following questions:
    a. Wáng Guóhuá de gōngyù dà ma?
    b. Chúle chúfáng yǐwài, Wáng Guóhuá de gōngyù hái yǒu shénme?
    c. Wáng Guóhuá de gōngyù lǐ shénme dōu yǒu, duì ma?
    d. Wáng Guóhuá de gōngyù lǐ yǒu shénme jiājù?
    e. Wáng Guóhuá wèishénme jīntiān cái bān jiā?
    f. Jīntiān Wáng Guóhuá wèishénme hěn gāoxìng?
    g. Wáng Guóhuá yǒu jǐ ge péngyou bāng tā bān jiā?
    h. Wáng Guóhuá hé tā de péngyou zài nǎr chī wǎnfàn?

_____

_____

_____

_____

_____

DIALOGUE EXERCISES

[1]. Practice each of the dialogues with your partner, replacing the names in each dialogue with your own names.

[2]. Answer the questions according to the contents of the dialogues.

DIALOGUE 1

a. <u>Lì Hóng</u> zuótiān xià bān yǐhòu qù nǎr le?
b. Shéi méi páshàng <u>Xiāngshān</u>?
c. Páxià shān de shíhou, tāmen wèishénme dōubù shuōhuà?

General questions:

1. Nǐ qùguo <u>Xiāngshān</u> ma?
2. Nǐ zhī.dào <u>Xiāngshān</u> zài nǎr ma?
3. Nǐ xǐhuan pá shān ma? Wèishénme?

DIALOGUE 2

Work in pairs and talk about Beijing's weather:

a. <u>Běijīng</u> de /qiūtiān/dōngtiān zěnmeyàng?

Qiūtiān	Dōngtiān

b. Nǐmen xiànzài zhù de dìfang de chūntiān /xiàtiān/qiūtiān/dōngtiān zěnmeyàng?

Chūntiān	Xiàtiān	Qiūtiān	Dōngtiān

General questions:
1. Nǐ shì zài <u>Běijīng</u> shàngguo xué de ma?
2. Nǐ zhù de chéngshì yǒu chūn-xià-qiū-dōng ma?
3. Nǐ zhù de chéngshì shénme shíhou tiānqì zuì hǎo?
4. Nǐ zhù de chéngshì yǒu hěn duō hǎowánr de dìfang ma?

DIALOGUE 3

a. Shéi yào bān jiā?
b. Tā shénme shíhou yào bān jiā?

c. Tā de xīn jiā zài nǎr?

d. Tā de xīn jiā hǎo ma?

e. Tā de xīn jiā yígòng yǒu jǐ jiān wòshì?

f. Tā zhù zài jǐ lóu?

g. Diàntī zài nǎr?

General questions:

1. Nǐ bānguo jiā ma?

2. Nǐ shì zhù zài gōngyù ma?

3. Nǐ xǐhuan zìjǐ zhù háishi gēn jiārén yíkuàir zhù?

4. Nǐ jiā nàr yǒu diàntī ma?

DIALOGUE 4

a. <u>Gāo Měiyīng</u> xǐhuan tā de xīn gōngyù ma?

b. Tā xiǎng mǎi shénme xīn jiājù? Wèishénme?

c. Nǎr yǒu jiājùdiàn?

d. <u>Gāo Měiyīng</u> xiǎng shénme shíhou qù jiājùdiàn?

General questions:

1. Nǐ jiā yǒu jǐ ge wòshì? Jǐ ge chúfáng? Jǐ ge cèsuǒ?

2. Nǐ jiā yǒu shūfáng ma?

3. Nǐ jiā yǒu shénme jiājù?

4. Nǐ jiā nàr yǒu <u>Zhōngguó</u> fànguǎnr ma?

5. Nǐ xǐhuan qù <u>Zhōngguó</u> fànguǎnr chīfàn ma?

DIALOGUE 5

a. For each of the following statements circle whether it is true (*duì*) or false (*bú duì*):

   i. <u>Jiācōng</u> de shēngrì shì xià Xīngqīsān. (*duì*) (*bú duì*)

   ii. <u>Jiācōng</u> zuì xǐhuan qiǎn yánsè. (*duì*) (*bú duì*)

   iii. <u>Dàxīn</u> tiāntiān yònggōng de zài hēibǎn shàng xiě hànzì. (*duì*) (*bú duì*)

   iv. Yàoshì xià Xīngqīsān tiānqì bù hǎo, tāmen kěyǐ dài <u>Dàxīn</u> qù <u>Gùgōng</u> wánr. (*duì*) (*bú duì*)

b. Tick all the correct choices to complete the sentence below:

Tāmen sònggěi <u>Dàxīn</u> _____.

   i. yíge qiǎn lánsè de píjiǔ bēi

   ii. yí kuài xiǎo hēibǎn

iii. yì zhāng <u>Gùgōng</u> de ménpiào

iv. yí jiàn qiǎn lánsè de hànshān

v. yì běn <u>Gùgōng</u> de shū

General questions:

1. Nǐ de shēngrì shì jǐ yuè jǐ hào?
2. Nǐ qùnián de shēngrì yǒu méi.yǒu rén gěi nǐ lǐwù?
   If yes, Tāmen gěi nǐ sòng shénme lǐwù?
   If no, Nǐ fùmǔ méi.yǒu gěi nǐ sòng lǐwù ma?

TRANSLATION

1. Please come in.

2. She walked out of the restaurant.

3. My parents came back to America in 1997.

4. People with no money: Rise up!

5. Who is walking from the library?

6. What present did your elder brother give you on your birthday?

7. It is quite warm in spring here.

8. I have to send him to the train station by car.

9. She wants to go to school, or else to return home.

10. Did you bring back the letter your mother wrote to you last week?

_____

11. Xiaoshan brought two copies of the dictionary home yesterday.

_____

12. I want to take my little sister with me to China next year.

_____

13. She doesn't want you, but (rather) your older brother.

_____

14. He's not speaking Japanese, but rather Chinese.

_____

15. If he's not speaking Japanese, then he's speaking Chinese.

_____

16. If that car is not Japanese, then it's British.

_____

17. Shanghai is quite warm in April.

_____

18. They have gone shopping and will be back soon.

_____

19. I will take you to the mountain to have a look.

_____

20. We have just gotten back a little while ago.

_____

TRANSLATION

Translate each of the following passages into Chinese using *Hànyǔ Pīnyīn* romanization together with the correct tone marks over the correct letters.

[1].

I bought an apartment in the city. I am moving in tomorrow. My apartment is just next to the university's dormitory. The apartment is not very big. It only has one bedroom. I live on the ninth floor. Every day I take the elevator to go up, and I also take the elevator to go down. If the elevator is broken, then I must walk up and down the stairs. I don't have a lot of furniture. I was thinking of going to buy some furniture last Saturday. But it is winter now, (so) if it is not windy, then it is raining. It is rather inconvenient to go out. My elder brother's friend is the owner of a furniture shop. I heard that the furniture in his furniture shop is very good-looking. I happily say to my elder brother, "My birthday is coming soon. What are you going to give me?" He said, "How about (some) furniture?" I said "Fantastic!"

[2].

Today I wanted to go to the large department store downtown to shop. Therefore I got up especially early. It takes forty-five minutes to drive from my home to downtown. The large department store opens at 9:00, (and) I went out the door at 7:50. I first drove to the train station and then walked to the large department store. After arriving at the entrance to the large department store I saw that my classmate *Lanlan* was right in the midst of happily speaking with a male who was wearing a dark blue jacket. I walked on over to speak with her. She asked me what I came to buy. I said, "I'd like to buy a red shirt, a black skirt, and a pair of yellow shoes. What about you?" She said, "I'd like to buy a green sweater."

_____

_____

_____

_____

_____

_____

[3].

Tom bought an apartment in the city. His apartment is on the second floor. His apartment has two bedrooms, a living room, a kitchen, and a toilet. Inside the apartment building is an elevator, but he doesn't need to use the elevator. Every day he walks upstairs and walks downstairs, and that is just fine (with him). After Tom moved into his new home, he made a few delicious French dishes and invited his friend to come (lit. "go") to his house for dinner.

_____

_____

_____

_____

_____

_____

_____

[4].

I'm thinking of going to Beijing next year to have some fun. I have heard that Beijing springs are often windy and rainy. In summer it is very hot, there are many people on the street, and the traffic (lit. "cars") is crowded. Winters are very cold and it often snows. When it snows it is very inconvenient to go out. My older sister has lived in Beijing before. She says that it is best to go in the autumn. It is neither too cold nor too hot; it is quite cool.

_____

_____

_____

_____

_____

[5].

The young woman standing next to *Xiao Zhang* and wearing a dark blue jacket is called *Gao Yueping*. She is my classmate and is 21 years old this year. *Gao Yueping* is very intelligent and also very pretty, (and she is) able to speak several languages. Her Japanese, English, Chinese, and French are all very good. She now studies Korean at university. She says that she has many Korean friends and that she likes to speak with her friends in Korean very much. I think that (when) she takes her exam there certainly will be no trouble. What do you say?

_____

_____

_____

_____

_____

[6].

That pair of glasses that Mr. Wan bought in that French shop in the upstairs area of the China bookshop is really beautiful. I also would like to buy a pair. I asked him how much a pair costs. He said that it costs one thousand dollars. I said that that's too expensive. He said that all authentic French things are very expensive. I asked him if the dishes sold in French restaurants are expensive. He said that some are expensive and some are cheap.

It was about time to eat lunch and I said, "Mr. Wan, you can speak French. Let's go to a French restaurant to have lunch, OK? It's my treat." He said, "That's great!" After eating (until full), we went to that bookstore next to the French restaurant to buy a Chinese-French dictionary, three Korean-language magazines, five brush pens, eight works of fiction, and two maps of England. We additionally bought milk and beer at that shop that is in the downstairs area of the restaurant.

_____

_____

_____

_____

_____

_____

_____

_____

_____

_____

READING COMPREHENSION

Read the following passage and answer all of the questions that follow it.

[1].

Gāo Xiǎomíng zhù Běijīng Jiē. Tā méi.yǒu xiōngdì-jiěmèi, yě méi.yǒu fùmǔ. Tā zài yìjiā xiédiàn zuò shì. Yīn.wèi xiédiàn de shēngyì bù hǎo, suǒyǐ xiédiàn de lǎobǎn gěi tā hěn shǎo qián. Tā shuō: "Méi guānxi, shēngyì hǎo le zài gěi wǒ duō yīdiǎnr qián ba."

Xiǎomíng méi.yǒu qián, tā de fángzi hěn xiǎo. Yīn.wèi tā de rén hěn hǎo, suǒyǐ tā yǒu bù shǎo péngyou, péngyoumen dōu hěn xǐhuan tā. Kěshì tā de péngyou dōu hěn máng, tāmen jiālǐ yǒu tàitai, yǒu háizi, tāmen jiāo háizi xiě hànzì, shuō Hànyǔ. Tāmen tàitai zuò de fàn dōu hěn hàochī. Gāo Xiǎomíng jiālǐ zhǐ yǒu tā yíge rén. Tā de jiā hěn ānjìng, tā xiǎng shuōhuà, kěshì méi.yǒu rén **tīng** (listen). Tā děi **zìjǐ** (oneself) zuò fàn, tā zuò de fàn bù hàochī.

Xiǎomíng jiā yòu.biānr yǒu yí wèi xìng Wáng de lǎo xiānsheng, Wáng lǎo xiānsheng huà de huàr hěn hǎokàn. Wáng lǎo xiānsheng zhī.dào Gāo Xiǎomíng méi.yǒu tàitai, méi.yǒu háizi, yíge rén zài jiālǐ yídìng hěn méiyìsi, suǒyǐ tā sòng Xiǎomíng yì zhāng huàr. Wáng lǎo xiānsheng huà de shì yíge nǚrén. Wáng lǎo xiānsheng xiǎng:

"Zhèige piàoliang de nǚrén kěyǐ **tīng** ("listen") <u>Xiǎomíng</u> shuōhuà." <u>Xiǎomíng</u> hěn xǐhuan zhèi zhāng huàr, <u>Xiǎomíng</u> shuō: "Wáng lǎo xiānsheng huà de nèige nǚrén zhēn piàoliang!"

Yīn.wèi xiédiàn de shēngyì hǎo le, suǒyǐ <u>Xiǎomíng</u> xiànzài hěn máng le. **Yǒu yì tiān** ("One day"), tā hěn è, kěshì tā hái děi zuò fàn. Tā xiǎng yàoshi jiālǐ yǒu rén néng zuò fàn jiù hǎo le. Tā kànzhe nèi zhāng huàr shuō: "Nǐ huì bu huì zuò fàn? Wǒ zhēn xiǎng chī nǐ zuò de fàn." **Dì-èr tiān** ("The next day"), <u>Xiǎomíng</u> zǎoshang qù xiédiàn, wǎnshang **huí jiā** ("to return home"). Āiyā! Zhè shì shéi zuò de wǎnfàn? Tā xiǎng, zhè yídìng shì huà shàng de nèige nǚrén zuò de. Tā duì huà shàng de nǚrén shuō: "Xièxie nǐ." Chībǎo le, tā shuō: "Nǐ zuò de fàn zhēn hàochī!" Tā gàosu <u>Wáng</u> lǎo xiānsheng: "Nǐ huà dì nèige piàoliang nǚrén zuò de fàn zhēn hàochī!" <u>Wáng</u> lǎo xiānsheng shuō: "Fàn bú shì huà shàng de nǚrén zuò de, shì wǒ gěi nǐ zuò de."

Answer the following questions based on the content of the above passage:

a. <u>Gāo Xiǎomíng</u> wèishéme méi.yǒu qián mǎi dà de fángzi? _____

_____

b. Wèishéme <u>Gāo Xiǎomíng</u> de péngyoumen dōu hěn máng? _____

_____

c. <u>Gāo Xiǎomíng</u> zhù nǎr? Tā jiā yǒu jǐ kǒu rén? _____

_____

d. <u>Wáng</u> lǎo xiānsheng shì shéi? <u>Gāo Xiǎomíng</u> de wǎnfàn shì shéi zuò de?

_____

[2].

<u>Xiǎoměi</u> shì dàxuéshēng, tā de nánpéngyou jiào <u>Dàmíng</u>, tāmen dōu zài dàxué xué Zhōngwén hé Fǎwén. <u>Xiǎoměi</u> hěn xǐhuan qù fànguǎnr chīfàn. Kuài yào chī wǔfàn le, yīn.wèi <u>Xiǎoměi</u> méi.yǒu chī zǎofàn, suǒyǐ tā hěn è. <u>Dàmíng</u> wèn <u>Xiǎoměi</u> xiǎng chī shénme, <u>Xiǎoměi</u> shuō, shénme dōu kěyǐ.

Zài <u>Dàxué Lù</u> yǒu yì jiā <u>Fǎguó</u> kāfēidiàn, nèi jiā kāfēidiàn hěn yǒumíng, hěn ānjìng, kāfēi yě hěn hǎohē. Dàxué de lǎoshī dōu hěn xǐhuan qù nàr chī wǔfàn, hē kāfēi. Nèi jiā kāfēidiàn zài <u>Dàxué Lù</u> de shūdiàn hé yīfudiàn de zhōngjiān, hěn róngyì zhǎo.

Nèi jiā diàn de lǎobǎn xìng <u>Fāng</u>, lǎobǎn rén hěn hǎo, yě hěn kèqi. <u>Dàmíng</u> rènshi tā, yīn.wèi tāmen shì línjū, tā jiù zhù zài <u>Dàmíng</u> jiā de yòu.biānr. Kāfēidiàn de shēngyì tài hǎo le, <u>Fāng</u> lǎobǎn hé tā de jiārén dōu hěn máng, suǒyǐ tāmen hěn shǎo zài jiā.

<u>Xiǎoměi</u> hé <u>Dàmíng</u> dōu xǐhuan hē kāfēi, suǒyǐ tāmen qù <u>Fāng</u> lǎobǎn de kāfēidiàn chī wǔfàn. Nàr de dōngxi bù piányi, kěshì hěn hàochī. Tāmen chīzhe

Fǎguó **miànbāo** (bread) hē Fǎguó tāng. Chīle wǔfàn, tāmen hái hēle kāfēidiàn yǒumíng de kāfēi. Yígòng yào sānshí kuài qián, kěshì Fāng lǎobǎn shuō, zhǐyào gěi tā èrshí kuài, yīn.wèi tā rènshi Dàmíng. Fāng lǎobǎn hái sòng tāmen měi ge rén yì zhī Fǎguó bǐ.

Answer the following questions based on the content of the above passage:

a. Wèishéme Xiǎoměi hěn è? Xiǎoměi xiǎng chī shénme?_____

_____

b. Dàxué de lǎoshī dōu hěn xǐhuan qù Fāng lǎobǎn de kāfēidiàn hē shénme? Fāng lǎobǎn de kāfēidiàn róngyì zhǎo ma? _____

_____

c. Wèishéme Fāng lǎobǎn hěn shǎo zài jiā?_____

_____

d. Fāng lǎobǎn de kāfēidiàn zěnmeyàng? _____

_____

e. Wèishéme Fāng lǎobǎn zhǐyào tāmen gěi èrshí kuài? _____

_____

16

SUBSTITUTION EXERCISES

[1]. Actual RVC, from affirmative to negative

Wǒ kànjiàn tā le.

→ (*Shakes head.*) New sentence: Wǒ méi kànjiàn tā.

a. Wǒ tīngdǒng tā de huà le. _____

b. Wǒ xuéhuì Zhōngwén le. _____

c. Wǒ tīngjiàn nǐ shuō shénme le. _____

d. Wǒ mǎidào nèi běn shū le. _____

e. Wǒ kàn qīngchu nèige zì le. _____

f. Wǒ názhù nèige dōngxi le. _____

g. Wǒ xiěwán nèi fēng xìn le. _____

h. Zuótiān wǎnshang nǐ lái de shíhou, wǒ shuìzháo le. _____

_____

[2]. Potential RVC

Tā néng kànjiàn wǒ.

→ (*Nods.*) New sentence: Tā kàndejiàn wǒ.

a. néng tīngdǒng wǒ de huà _____

b. néng náqǐ zhèi zhāng zhuōzi _____

c. néng shuìzháo _____

d. néng tīngjiàn nǐ shuō shénme _____

e. kěyǐ mǎidào nèi běn shū _____

f. kàn qīngchu nèige zì _____

g. kěyǐ názhù nèige dōngxi _____

h. néng xiěwán nèi fēng xìn _____

[3]. Yes-no RVC questions, actual form

Nǐ kànjiàn tā le ma?
→ (*Nods.*) New sentence: Kànjiàn le.
→ (*Shakes head.*) New sentence: Méi kànjiàn.

a. Nǐ tīngdǒng wǒ de huà le ma?

_____

_____

b. Nǐ nádào shū le ma?

_____

_____

c. Tā shuìzháo le ma?

_____

_____

d. Nǐ tīngjian wǒ shuō shénme le ma?

_____

_____

e. Nǐ mǎidào nèi běn shū le ma?

_____

_____

f. Nǐ kàn qīngchu nèige zì le ma?

_____

_____

g. Nǐ názhù nèige dōngxi le ma?

_____

_____

h. Nǐ xiěwán nèi fēng xìn le ma?

_____

_____

Repeat the drill, using the le méi.yǒu.
Nǐ kànjiàn tā le méi.yǒu? → Kànjiàn le. / Méi kànjiàn.

a. Nǐ tīngdǒng wǒ de huà le ma?

_____

_____

b. Nǐ nádào shū le ma?

_____

_____

c. Tā shuìzháo le ma?

_____

_____

d. Nǐ tīngjian wǒ shuō shénme le ma?

_____

_____

e. Nǐ mǎidào nèi běn shū le ma?

_____

_____

f. Nǐ kànqingchu nèige zì le ma?

_____

_____

g. Nǐ názhù nèige dōngxi le ma?

_____

_____

h. Nǐ xiěwán nèi fēng xìn le ma?

_____

_____

[4]. Yes-no RVC questions, potential form

Nǐ kàndejiàn tā ma?

→ (*Nods.*) New sentence: Kàndejiàn.

→ (*Shakes head.*) New sentence: Kànbujiàn.

a. Nǐ tīngdedǒng wǒ de huà ma?

_____

_____

b. Nǐ nádeqǐ zhèi zhāng shūzhuō ma?

_____

_____

c. Nǐ shuìdezháo ma?

_____

_____

d. Nǐ tīngdejiàn wǒ shuō shénme ma?

_____

_____

e. Nǐ mǎidedào nèi běn shū ma?

_____

_____

f. Nǐ kàndeqīngchu nèige zì ma?

_____

_____

g. Nǐ nádezhù nèige dōngxi ma?

_____

_____

h.　Nǐ xiědewán nèi fēng xìn ma?

_____

_____

Repeat the above drill, using the choice-question form:
Nǐ kàndejiàn kànbujiàn tā? → Kàndejiàn. / Kànbujiàn.

a.　Nǐ tīngdedǒng wǒ de huà ma?

_____

_____

b.　Nǐ nádeqǐ zhèi zhāng shūzhuō ma?

_____

_____

c.　Nǐ shuìdezháo ma?

_____

_____

d.　Nǐ tīngdejiàn wǒ shuō shénme ma?

_____

_____

e.　Nǐ mǎidedào nèi běn shū ma?

_____

_____

f.　Nǐ kàndeqīngchu nèige zì ma?

_____

_____

g.　Nǐ nádezhù nèige dōngxi ma?

_____

_____

h. Nǐ xiědewán nèi fēng xìn ma?

_____

_____

[5]. Verb-*lái* verb-*qù* plus the negative potential form of a directional compound

Tā zhǎolái zhǎoqù yě/dōu/hái zhǎobuzháo. → kāihuílai
New sentence: Tā kāilái kāiqù yě/dōu/hái kāibuhuílai.

a. xiǎng chūlai

_____

_____

b. zǒu jìnqu _____

_____

c. názhù _____

_____

d. xiě chūlai _____

_____

e. pǎo chūqu _____

_____

f. shuō chūlai _____

_____

[6]. As soon as: *Yī…jiù*

Wǒ yī chīle wǎnfàn jiù niàn shū. → xià kè…huí jiā
New sentence: Wǒ yī xiàle kè jiù huíle jiā.

a. xiūxi…hěn shūfu _____

_____

b. kǎoshì…xiǎng shuìjiào _____

_____

c. lái Měiguó…rènshi tā _____

_____

    d. jǐnzhāng…yào kū _____

    _____

    e. kāi qìchē…jǐnzhāng _____

    _____

[7]. Again: *Zài* (future repetition) and *yòu* (repetition already occurred)

Míngtiān wǒmen zài hē píjiǔ. → zuótiān
New sentence: Zuótiān wǒmen yòu hē píjiǔ le.

    a. qù kàn péngyou _____

    _____

    b. zuò fēijī _____

    _____

    c. qù wánr_____

    _____

    d. chī Zhōngguó cài _____

    _____

    e. qǐng kè _____

    _____

    f. kàn diànyǐng _____

    _____

    g. liáotiān _____

    _____

GRAMMAR/VOCABULARY EXERCISES

[1]. Choose the most appropriate resultative verb compound to complete each of the following sentences.

    a. Tā hěn kuài jiù _____ lǎoshī shuō de huà.

    b. Tā hěn kuài jiù _____ xìn le.

    c. Cóng wǒ jiā dào dàxué, shí fēn zhōng jiù _____.

d. Tā de māma zuòle hěn duō de cài, duō de _____.

e. Tā hěn yǒuqián, _____ xīn chē.

f. Mèimei hěn yònggōng, wǎnfàn yǐqián gōngkè jiù _____ le.

g. Shūshu dàishàng yǎnjìng yǐhòu cái _____ shū shàng de zì.

[2]. **For each contextual prompt and accompanying RVC, first decide whether the appropriate sentence pattern to use should be** *bù néng/bù kěyǐ* **+ RVC or a negative RVC. Then use that pattern to translate the underlined portion of the prompt.**

Contextual prompt	Basic RVC	Sentence describing the situation
It is way too noisy outside, so <u>I cannot fall asleep.</u>	shuìzháo	Wǒ shuìbuzháo.
I have a 6:00 AM flight to-morrow morning, so tonight <u>I cannot fall asleep.</u>	shuìzháo	Jīntiān wǎnshang wǒ bù néng/bù kěyǐ shuìzháo.
He listens and listens to me but despite all that <u>he still cannot understand what I say.</u>	tīngdǒng	
<u>I still don't have the ability to (even start) listening to and understanding the teacher's Chinese.</u>	tīngdǒng	
Train service has been can-celed tonight, so now <u>I can no longer return.</u>	huíqù	
He has not completed his work, so <u>he cannot go home.</u>	huíqù	
The door is stuck. <u>I cannot open the door.</u>	dǎkāi	
<u>The teacher said that we cannot open this door,</u> as I think that his money is inside.	dǎkāi	
The door to the room is too small, so <u>this bed can't be moved inside.</u>	bān jìnqu	

Contextual prompt	Basic RVC	Sentence describing the situation
That is his house, so <u>you cannot move in</u>.	bān jìnqu	
There is no letup in the traffic in sight, so <u>I cannot walk across the street</u>.	zǒu guòqu	
The light has not turned green yet, so <u>you can't walk across the street</u>.	zǒu guòqu	
This desk is too heavy. <u>I cannot move it back (there) all by myself</u>.	bān huíqu	
This is the teacher's desk, so <u>you can't move it back</u>.	bān huíqu	

CLASSROOM ACTIVITIES

[1]. Describe the following pictures using the *yī…jiù…* pattern

a.

b.

c.

[2]. Describe the following pictures using the potential RVC form.

a.

b.

c.

Mǎibuqǐ

[3]. Describe the following pictures using the actual RVC form.

a.

b.

c.

d.

[4]. Using resultative complements, discuss with your partner your respective abilities, inabilities, and capacities at different tasks (eating, drinking, reading, comprehending, affording, etc.). Then talk about this with regard to people you know or know of.

TASK-BASED ACTIVITIES

ROLE PLAY 1: CONDUCT A SURVEY

Pre-task:
The teacher goes through the questionnaires with the students to make sure that they understand the questions.

Supplementary vocabulary:
zuòdexià "able to seat (in total)"
   Nǐmen shàng Hànyǔ kè de jiào.shì zuòdexià duōshao ge xuésheng?
   How many students can the classroom in which you hold your Chinese class seat?

Zhùdexià "able to accommodate/sleep (in total)"
   Nǐ de fángjiān zhùdexià jǐ ge rén?
   How many people can live in your (bed)room?
bāndedòng "able to move/displace"
   Nǐ yíge rén bāndedòng yì zhāng shūzhuō ma?
   Can you move a desk all by yourself?

Scenario:

Imagine that you are an interviewer conducting a survey.

Task:

Initially work in pairs.

1. Student A is the interviewer, and Student B is the interviewee.
2. Ask all the questions listed in the survey form.
3. Record the answers.
4. When all the questions have been asked, interview another student.
5. Repeat the whole process.
6. Make a summary of your findings, and present them in class.

Questions	Student A	Student B
Nǐ tīngdedǒng Yīngyǔ ma?		
Nǐ kàndedǒng duōshao hànzì?		
Lǎoshī Xīngqīyī jiāo de hànzì, nǐ dōu xuéhuì le ma?		
Zhèige xīngqī de zuòyè, nǐ dōu zuòwán le ma?		
Nǐmen shàng Hànyǔ kè de jiào.shì zuòdexià duōshao ge xuésheng?		
Nǐ fángjiān zhùdexià jǐ ge rén?		
Nǐ mǎideqǐ sānshí wàn kuài qián de fángzi ma?		
Nǐ yíge rén bāndedòng yì zhāng shūzhuō ma?		
Nǐ yí dùn fàn chīdexià jǐ wǎn mǐfàn?		

Questions	Student A	Student B
Nǐ yí dùn fàn chīdeliǎo shí ge cài ma?		
Nǐ jiā nàr mǎidedào Zhōngwén cídiǎn ma?		
Nǐ měi tiān wǎnshang dōu shuìdezháo ma?		

_____

_____

_____

_____

_____

_____

ROLE PLAY 2: SEEING A DOCTOR

Pre-task:

1. The teacher introduces the topic and task.
2. Warm-up exercises:

   Review key vocabulary:

   bèi   yāo   tuǐ   ěrduo   sǎngzi   yǎnjīng   bízi   dùzi   tóu
   yì   biān   yí   cì
   gǎnmào   fāyán   shuìjiào   téng   bìng   dùzi   téng   tóu   téng   fāshāo
   yīshēng   yīyuàn
   yào   chī yào

   Useful expressions:
   Friend/family member:

   Nǐ děi kàn yīshēng.
   Nǐ děi dào yīyuàn qù.

   Doctor:

   Nǐ nǎr bù shūfu?

Nǐ zěnme le?

Nǐ tóu téng ma?

Nǐ fā shāo ma?

Sǎngzi/Yǎnjīng yǒu diǎnr hóng. ("Your throat/eyes are a little bit red.")

Nǐ bìngle jǐ tiān le?

Shénme shíhou kāishǐ bù shūfu?

Nǐ chī yào le ma?

Nǐ gǎnmào le.

Děi duō hē shuǐ, duō xiūxi.

Nǐ děi chī wǔ tiān de yào.

Zhè shì nǐ de yào, měi tiān chī sān cì.

Zhè shì yàoshuǐ. Měi tiān hē sān cì.

Huí jiā chī yào, xiūxi jǐ tiān jiù hǎo.

Patient:

Nǎr dōubù shūfu.

Wǒ tóu téng, fā shāo, sǎngzi téng, ěrduo fā yán.

Lǎo juéde lěng.

Sǎngzi/Yǎnjīng yǒu diǎnr hóng. ("My throat/eyes are a little bit red.")

Zuótiān wǎnshang jiù kāishǐ bù shūfu.

Wǒ déle shénme bìng?

Fàn qián háishi fàn hòu chī?

Supplementary vocabulary:

dé "get; obtain"

    Wǒ déle shénme bìng?

    What illness did I catch?

yàoshuǐ "liquid medicine"

    Zhè shì yàoshuǐ. Měi tiān hē sān cì.

    Here is (your) (liquid) medicine. Take it three times daily.

shìshi biǎo (VO) "take sb's temperature"

    (Note: shì "try, test"; biǎo "thermometer")

liáng tǐwēn (VO) "take sb's temperature"

    (Note: liáng "measure"; tǐwēn "body temperature")

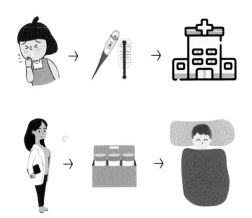

Scenario:

Imagine that you are unwell and go to the hospital to see a doctor.

Task:

1. Work in pairs.
2. One of you is a patient and one of you is a doctor
3. Using the pictures as a guide, conduct a conversation between patient and doctor.

Report:

Students present their dialogue pair by pair in class. If time is not sufficient for everyone to do a presentation, the teacher may instead choose two or three pairs to present their dialogues in class.

DIALOGUE EXERCISES

[1]. Practice each of the dialogues with your partner, replacing the names in each dialogue with your own names.

[2]. Answer the questions according to the contents of the dialogues.

DIALOGUE 1

a. Tāmen shuōhuà de shíhou shì zǎoshang háishi wǎnshang?

_____

b. <u>Xuěyīng</u> wèishénme qǐlái le?

_____

c. Xuěyīng hé Qiūpíng de xíguàn zěnme bùtóng?

_____

General questions:

1. Nǐ měi tiān wǎnshang jǐ diǎn shuìjiào? Měi tiān zǎoshang jǐ diǎn qǐ chuáng?
2. Nǐ měi tiān wǎnshang dōu shuìdezháo ma? Wèishénme?

DIALOGUE 2

a. Shéi kànbudǒng zuòyè?

_____

b. Tā wèishénme kànbudǒng?

_____

c. Xiànzài dǒng le ma?

_____

General questions:

1. Lǎoshī yòng Hànyǔ jiǎng kè, nǐ tīngdedǒng ma?
2. Nǐ shēng bìng de shíhou huì qù shàng kè ma?

DIALOGUE 3

a. Yǔ'nán wèishénme kànbuqīngchu hēibǎn shàng de zì?

_____

b. Lǎoshī zài hēibǎn shàng xiěle shénme zì?

_____

c. Yǔ'nán de yǎnjìng zài nǎr?

_____

d. Yǔ'nán de yǎnjìng wèishénme zhème guì?

_____

General questions:

1. Nǐ dài yǎnjìng ma?
2. Nǐ xǐhuan mǎi míngpáir de dōngxi ma? Wèishénme?

DIALOGUE 4

a. Jiāróng nǎr bù shūfu?

_____

b. Jiāróng shénme shíhou qù kàn yīshēng?

_____

c. Jiāróng wèishénme méi kàn yīshēng jiù huílái le?

_____

d. Jiāróng wèishénme shuō "Zhè bú shì zǒu hòuménr ma?"

_____

General questions:
1. Yàoshì nǐ gǎnmào le, huì qù kàn yīshēng ma?
2. Nǐ juédé zǒu hòuménr hǎo ma?

DIALOGUE 5

For each statement below, indicate whether it is true (_duì_) or false (_bú duì_):

a. Lǎo Zhāng chī de bú kuài, bú tài huì yòng kuàizi. (_duì_) (_bú duì_)
b. Xiǎo Mǎ shuō méi guānxi, yī liǎng tiān jiù xuédehuì yòng kuàizi. (_duì_) (_bú duì_)
c. Nèi jiā fànguǎnr de yú tāng zuì yǒumíng le. (_duì_) (_bú duì_)
d. Yīn.wèi tāng tài tàng le, suǒyǐ Lǎo Zhāng děng yìhuǐr cái hē tāng. (_duì_) (_bú duì_)

General questions:
1. Nǐ huì yòng kuàizi ma? Nǐ yòng kuàizi jiādezhù cài ma?
2. Chīfàn de shíhou méi.yǒu tāng, nǐ chīdexià fàn ma?

TRANSLATION

Use resultative verb complements (in either the actual or potential form) whenever possible.

1. I can't understand because he speaks too fast.

_____

2. After going to class, I now understand his meaning (by listening).

_____

3.　I saw him in front of the restaurant.

———————————————————————————————

4.　Because it was too noisy last night, I couldn't get to sleep.

———————————————————————————————

5.　I looked everywhere (but) couldn't find it.

———————————————————————————————

6.　Can you read French?

———————————————————————————————

7.　I read to page 50.

———————————————————————————————

8.　I learned (mastered) the Chinese language!

———————————————————————————————

9.　The food is quite expensive; can you afford it?

———————————————————————————————

10. Can you or can't you understand spoken Japanese?

———————————————————————————————

11. I got to eat (reached the goal of eating) the very best French food.

———————————————————————————————

12. I (satisfactorily) finished writing that letter.

———————————————————————————————

13. I can reach the bank (by walking), but not the school.

———————————————————————————————

14. The matter is not easy to do; I couldn't do it well (finish it to satisfaction).

———————————————————————————————

15. He ran here and there (but) could not run inside.

———————————————————————————————

16. The teacher talked and talked but never got out what he wanted to say.

_____

17. As soon as I finish watching TV, I'll practice speaking Chinese.

_____

18. As soon as he comes, I'll leave.

_____

19. Have you once again gone to Nanjing?

_____

Wǒ hái bǎ "pǎo" zì xiěchéng "bǎo" zì le
我还把跑字写成饱字

SUBSTITUTION EXERCISES

[1]. The *bǎ* construction: Basic word order

Tā chīfàn.
New sentence: Tā bǎ nèi wǎn fàn chī le.

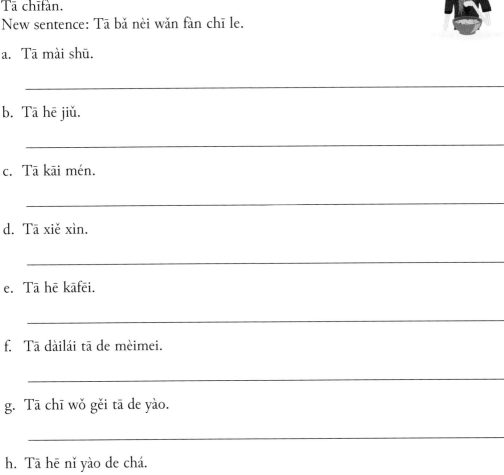

a. Tā mài shū.

_____

b. Tā hē jiǔ.

_____

c. Tā kāi mén.

_____

d. Tā xiě xìn.

_____

e. Tā hē kāfēi.

_____

f. Tā dàilái tā de mèimei.

_____

g. Tā chī wǒ gěi tā de yào.

_____

h. Tā hē nǐ yào de chá.

_____

[2]. Creating a critical sense of disposal with the verb in a *bǎ* construction

Tā chīfàn.

New sentence: Tā bǎ fàn chīwán le.

a. Tā kàn shū. _____

b. Tā mài yīnyuèhuì de ménpiào. _____

c. Tā jì shēngzì. _____

d. Tā tīng nǐ de huà. _____

e. Tā xué Zhōngwén. _____

You may choose a suitable complement after each verb.

[3]. More *bǎ* construction

Tā xiě zì.

New sentence: Tā bǎ zì xiě chūlai le.

a. Tā shuōhuà. _____

_____

b. Tā jiè nèi běn shū. _____

_____

c. Tā chī jiǎozi. _____

_____

d. Tā bān zhuōzi. _____

_____

e. Tā xué nèixiē hànzì. _____

_____

f. Tā mǎi nèi běn zìdiǎn._____

_____

[4]. Placement or movement of objects

Nǐ bǎ shū fàng zài nǎr? → shūzhuō shang

New sentence: Wǒ bǎ shū fàng zài shūzhuō shang.

a. xiě zì, shū shang _____

_____

b. kāi qìchē, chāoshì _____

_____

c. bān zhūròu, fànguǎnr li _____

_____

d. ná xínglǐ, huǒchēzhàn _____

_____

[5]. Transforming X into Y

Tā bǎ Rìwén zì kànchéng Zhōngwén zì. → jiějie…mèimei
New sentence: Tā bǎ jiějie kànchéng mèimei.

a. Fǎguó qìchē…Měiguó qìchē _____

_____

b. Yīngguó cài…Xīnxīlán cài _____

_____

c. Hánguó…Rìběn _____

_____

d. hóng táng…bái táng _____

_____

e. kělè…kāfēi _____

_____

f. gēge…dìdi _____

_____

g. lóushàng…lóuxià _____

_____

[6]. Finish dealing with something

Wǒmen kàn shū. → kàndǒng le
New sentence: Wǒmen bǎ shū kàndǒng le.

a. hànzì, xiěhǎo le _____

b. zǎofàn, chīwán le _____

c. Zhōngwén shū, kànwán le _____

d. Rìwén, xuéhuì le _____

e. wǎnfàn, zuòhǎo le _____

f. zázhì, huángěi tā le _____

[7]. Insert *bǎ* into each of the sentences below, make other necessary changes, and use them as answers to the questions in parentheses.

Tā názǒule nǐ de Zhōngwén shū. (Wǒ de Zhōngwén shū ne?)
→ Tā bǎ nǐ de Zhōngwén shū názǒu le.

a. Wǒ yǐjīng sòng <u>Dōngdong</u> nèi běn zázhì le. (Nǐ de nèi běn zázhì ne?)

_____

b. Tā yǐjīng gàosu wǒ zhèi jiàn shì le. (Zhèi jiàn shì nǐ hái bù zhī.dào ba?)

_____

c. Tā bàba màile tā de zìxíngchē le. (Tā de zìxíngchē ne?)

_____

d. Tā yǐjīng hēwán nèi bēi kāfēi le. (Nèi bēi kāfēi ne?)

_____

e. Tā māma zuòhǎole wǎnfàn le. (Wǎnfàn zuòhǎo le ma?)

_____

[8]. Verb + "a bit"

Qǐng kànkan zhèi běn shū. → yíxià
New sentence: Qǐng kàn yíxià zhèi běn shū.

a. Qǐng děng yi děng; wǒ jiù lái.

_____

b. Zhè shì wǒ zhōngxué de tóngxué, wǒ gěi nǐmen jièshào.

_____

c. Tīng yi tīng zhèige gùshi; hěn yǒuyìsi.

_____

d. Nǐ tài lèi le. Qǐng zuò.

_____

e. Qǐng gěi wǒ shuō yi shuō nǐ de yìsi.

_____

f. Lái chuānchuan zhèi jiàn yīfu; hěn piàoliang.

_____

[9]. Both...and: *Yòu...yòu*

Tā yòu cōngming yòu yǒu qián. → xué Zhōngwén...xué Rìwén
New sentence: Tā yòu xué Zhōngwén yòu xué Rìwén.

a. bú yào chīfàn...bú yào niàn shū

_____

b. xiǎng kū...xiǎng xiào

_____

c. lèi...è

_____

d. yào mǎi shū...yào mǎi bǐ

_____

e. yǒu qián...yǒu kòng

_____

f. yào hē píjiǔ...yào hē báijiǔ

_____

Repeat the above drill, using *yě...yě* (and) instead of *yòu . . .yòu*. Make all necessary changes.

a. bú yào chīfàn...bú yào niàn shū

_____

b. xiǎng kū...xiǎng xiào

_____

c. lèi...è

_____

d. yào mǎi shū…yào mǎi bǐ

_____

e. yǒu qián…yǒu kòng

_____

f. yào hē píjiǔ…yào hē báijiǔ

_____

GRAMMAR/VOCABULARY EXERCISES

[1]. Complete the following sentences using the _bǎ_ structure.
Rìwén zì…kàn…Zhōngwén zì → Tā bǎ Rìwén zì kànchéng Zhōngwén zì.

a. wǒ zì…xiě…zhǎo zì _____

b. huài rén…kàn…péngyou _____

c. hóngsè…shuō…huángsè _____

d. shuǐ…kàn…jiǔ _____

e. lóushàng…tīng…lóuxià _____

f. hǎo rén…huài rén _____

CLASSROOM ACTIVITIES

[1]. Split into groups of two or three, depending on the size of the class. Then have one member of the group start making requests of other members of the same group that involve moving things, giving/lending things, etc., using _bǎ_. If you don't know the Chinese word for a particular object, you can use the English word instead. The rest of the group should then follow each request.

[2]. Ask two different students the directions for how to cook/make a particular dish or food. These directions should make use of *bǎ* as much as possible. If you don't know the Chinese word for a particular object, then you can use the English/Korean/etc., word instead. Record each set of directions below and, when finished, report them to the class.

Supplementary vocabulary:
(qiē, "cut"; thus, qiē yi qiē)

_____

_____

_____

_____

_____

_____

[3]. *Xiǎo Wáng* is moving into a new apartment. Her friend *Xiǎo Gāo* is helping her to move in. All of *Xiǎo Wáng's* remaining belongings are outside the apartment, as shown in the picture below. *Xiǎo Wáng* would like *Xiǎo Gāo* to move all her belongings into her apartment. *Xiǎo Wáng* can only speak Chinese. What should she say to *Xiǎo Gāo*? (Use a *bǎ* sentence whenever appropriate.)

TASK-BASED ACTIVITY

LISTENING COMPREHENSION

Pre-task:

1. The teacher introduces the topic and task.
2. Warm-up exercises: review key vocabulary and grammar structures of the passage.

Key Vocabulary:

chénglǐ gōngyù chúfáng kètīng fàntīng cèsuǒ wòshì tiānqì
sùshè lóuxià fànguǎnr kǎlā-ōukēi
chuáng shūzhuō xiāngzi yǐzi diànshì sùshè wǎn bēi chāzi
dāozi sháozi kuàizi xiāngzi shū zázhì bǐ máobǐ diànnǎo
chènshān hànshān kùzi máoyī nèiyī niúzǎikù qúnzi wàiyī
wàzi mòjìng línjū jiǎozi
bāng fàng bān xiūxi chàng
jīntiān zuótiān zǎoshang zhōngwǔ wǎnshang
yíkuàir yìhuǐr

Grammar structures:

a. Subject + *zài* + location + action (*FSC* Chapter 9)
   Wǒ zài chénglǐ mǎile yíge gōngyù.
b. "There exists": *Yǒu* (*FSC* Chapter 6)
   Gōngyù yǒu chúfáng, kètīng, fàntīng, cèsuǒ hé yíge wòshì.
c. The *ba* construction (*FSC* Chapter 17)
   Subject *bǎ* Object Verb Complement
   i. Xiǎomíng hé Dàmíng lái sùshè bang wǒ bǎ dōngxi bāndào xīn gōngyù.
   ii. Wǒ bǎ wǎn, bēi, chāzi, dāozi, sháozi, kuàizi fàng zài yíge xiāngzi lǐ.
   iii. Wǒ de xīn línjū bāng wǒ bǎ xiāngzi hé xínglǐ bāndào xīn gōngyù.

d. Sequential "add-ons" (*FSC* Chapter 12)

Wǒmen xiān bǎ chuáng, hūzhuō xiāngzi hé xínglǐ hé yì bǎ yǐzi bāndào wòshì, ránhòu bǎ diànshì, shāfā, xiǎo zhuōzi bāndào kètīng.

e. Sequential actions: *Jiù* (*FSC* Chapter 12)

Wǒ bǎ suǒyǒude dōngxi dōu bānwán le, jiù huí xīn gōngyù xiūxi yìhuǐr.

f. Again: *Yòu* (*FSC* Chapter 16)

Wǎnshang wǒ yòu dào lóuxià de fànguǎnr chī jiǎozi.

g. Coverbs: *Gěi* (*FSC* Chapter 1)

Wǒ gěi Dàmíng, Xiǎomíng hé wǒ de xīn línjū dǎ shǒujī.

Supplementary vocabulary:

Xiǎomíng (N) (name of person)
Dàmíng (N) (name of person)
shāfā (N) "sofa"
lǚxíngxiāng (N) "suitcase"

Task:

1. Work in pairs.
2. The teacher plays the recording of the passage for students to listen to.
3. Students take notes regarding where the items have been placed and compare their notes with those of their partner.
4. The teacher plays the recording again and students sketch in where things have been placed in the apartment.
5. Pairs of students compare with each other their sketches to check if there are any differences between them.
6. Students retell, pair by pair, the content of the passage based on what they have sketched.
7. If time is not sufficient for every pair to do their presentation, the teacher may instead choose two or three pairs to present their passage.
8. Discuss the differences.

_____

_____

_____

_____

_____

_____

DIALOGUE EXERCISES

[1]. Practice each of the dialogues with your partner, replacing the names in each dialogue with your own names.

[2]. Answer each of the questions according to the contents of the relevant dialogue.

DIALOGUE 1

a. <u>Xiǎo Shí</u> kǎoshì kǎo de zěnmeyàng?
b. Kǎoshì de shíhou, <u>Xiǎo Shí</u> bǎ něige zì xiěchéng "bǎo" zì le?
c. <u>Xiǎo Xǔ</u> jiào <u>Xiǎo Shí</u> qù nǎr? Tāmen qù nàr zuò shénme?

General questions:

1. Nǐmen shénme shíhou kǎo Zhōngwén?
2. Nǐmen yào jì shēngcí ma?
3. Nǐmen yào jì duōshao shēngcí?
4. Nǐ xǐhuan jì shēngcí ma?
5. Nǐ juéde Zhōngwén nán ma?

DIALOGUE 2

a. <u>Jiāmào</u> de shénme dōngxi bú jiàn le?
b. Píngcháng <u>Jiāmào</u> bǎ shū fàng zài nǎr?
c. <u>Jiāmào</u> zhǎole něi xiē dìfang ne?
d. <u>Jiāmào</u> wèishénme zháojí?
e. <u>Jiāmào</u> bǎ shū jiègěi shéi le? Tā shénme shíhou huángěi Jiāmào?

General questions:

1. Nǐ xǐhuan bǎ nǐ de Zhōngwén shū fàng zài nǎr?
2. Nǐ de Zhōngwén shū kěyǐ gěi wǒ kàn yíxià ma?
3. Nǐ chángcháng qù túshūguǎn jiè shū ma?

DIALOGUE 3

a. <u>Xiǎojīng</u> wèishénme bù xǐhuan tā de mòjìng?
b. <u>Xiǎoyīng</u> jiào <u>Xiǎojīng</u> zuò shénme?
c. <u>Xiǎoyīng</u> shuō nǎr yǒu xīn kāi de yǎnjingdiàn?
d. Nàr de yǎnjìng zěnmeyàng?

General questions:
1. Nǐ chuān de zhèi jiàn yīfu zhēn shímáo. Nǐ zài nǎr mǎi de?
2. Guì bu guì?
3. Nǐ chángcháng qù nèi jiā shāngdiàn mǎi yīfu ma?
4. Nàr mài bu mài mòjìng?
   If yes, Nàr mài de mòjìng shímáo ma?
   If no, Nèi jiā shāngdiàn chúle yīfu yǐwài, hái mài shénme?

DIALOGUE 4

Say at least two sentences to answer each of the following questions:
a. <u>Xiǎodì</u> qù nǎr le? Tā zuòle xiē shénme?
b. Wǎnshang <u>Xiǎodì</u> hé <u>Dàjiě</u> qù zuò shénme?

General questions:
1. Nǐ de dōngxi duō bu duō?
2. Yàoshi nǐ bān jiā, yí liàng chē fàngdexià ma?
3. Nǐ xǐhuan tīng yīnyuè ma?
4. Nǐ xǐhuan tīng shénme yīnyuè?

DIALOGUE 5

a. Shénme dōngxī hǎo xiāng?
b. <u>Āxìng</u> zěnme bāo jiǎozi?
c. Tā zěnme zuò xiànr? Pí ne?

General questions:
1. Nǐ xǐhuan chī jiǎozi ma?
   If yes, Nǐ xǐhuan chī shénme xiànr de jiǎozi?
   If no, Nǐ xǐhuan chī shénme cài?
2. Nǐ huì zuò jiǎozi ma?
   If yes, Nǐ zuò de jiǎozi wèi.dào zěnmeyàng?
   If no, Nǐ huì zuò shénme cài?

TRANSLATION

Use the *bǎ* construction whenever possible.

1. Please take the food back.

    _____

2. Did you finish reading the book?

    _____

3. Don't wake up your little sister!

    _____

4. Please pass the book on top of the desk to me. I want to have a look at it.

    _____

5. She wrote down that Chinese sentence.

    _____

6. Where did you move the desk?

    _____

7. He pronounced "10" as "four".

    _____

8. She took (by listening) "three" to be "mountain".

    _____

9. She recalled the story.

    _____

10. Did you understand what the teacher said?

    _____

11. She can make him livid.

    _____

12. Teaching Chinese has made me exhausted.

    _____

13. Please bring your book here and let me have a look.

_____

14. Please take a look at this book.

_____

15. Please wait a minute (a while).

_____

16. The present my friend gave to me is both fashionable and expensive.

_____

17. They moved the television upstairs.

_____

18. He both wants to eat and do homework.

_____

19. Beer both is expensive and doesn't taste good.

_____

20. I have already returned the book to you.

_____

21. Today I borrowed three chairs and one table from my friends.

_____

22. Yesterday he borrowed $10 from me. This morning he then returned the money to me.

_____

23. His younger sister is both intelligent and good-looking.

_____

24. Taking the bus is both cheap and convenient.

_____

25. He moved all of the things into the living room.

_____

18

Cháng Jiāng bǐ Huáng Hé cháng
长江比黄河长

SUBSTITUTION EXERCISES

[1]. Direct comparison of simple nouns

Gēge bǐ dìdi cōngming. → ǎi

New sentence: Gēge bǐ dìdi ǎi.

a. ānjìng _____

b. hǎokàn _____

c. kèqi _____

d. yǒuyìsi _____

e. yǒumíng _____

f. shòu _____

g. ài wánr diànnǎo _____

Repeat the above drill while making the comparisons negative by substituting
méi.yǒu **and** *bù bǐ* **for** *bǐ,* **e.g.** *Gēge méi.yǒu dìdi nàme cōngming,* **making sure you know the difference in meaning.**

a. ānjìng _____

b. hǎokàn _____

c. kèqi _____

d. yǒuyìsi _____

e. yǒumíng _____

f. shòu _____

g. ài wánr diànnǎo _____

a. ānjìng _____

b. hǎokàn _____

c. kèqi _____

d. yǒuyìsi _____

e. yǒumíng _____

f. shòu _____

g. ài wánr diànnǎo _____

[2]. Direct comparison using more complex grammatical structures

Kàn diànshì bǐ niàn Zhōngwén yǒu yìsi.
→ kàn diànyǐng…shàng kè
New sentence: kàn diànyǐng bǐ shàng kè yǒu yìsi.

a. kàn diànshì…shàng kè

_____

b. zài túshūguǎn kàn shū…zài jiā liáotiān

_____

c. qù Běijīng…qù Shànghǎi

_____

d. kàn shū…shuìjiào

_____

e. gēn péngyou yíkuàir zuò gōngkè…yíge rén zuò gōngkè

_____

Repeat the above drill while making the comparisons negative by substituting
bù bǐ **and** *méi.yǒu* **for** *bǐ* **and adding** *nàme* **before the stative verb, e.g.** *Kàn diànshì*
méi.yǒu niàn Zhōngwén nàme yǒuyìsi, **making sure you know the difference in**
meaning.

a. kàn diànshì…shàng kè

_____

b. zài túshūguǎn kàn shū…zài jiā liáotiān

_____

c. qù <u>Běijīng</u>…qù <u>Shànghǎi</u>

_____

d. kàn shū…shuìjiào

_____

e. gēn péngyou yíkuàir zuò gōngkè…yíge rén zuò gōngkè

_____

a. kàn diànshì…shàng kè

_____

b. zài túshūguǎn kàn shū…zài jiā liáotiān

_____

c. qù <u>Běijīng</u>…qù <u>Shànghǎi</u>

_____

d. kàn shū…shuìjiào

_____

e. gēn péngyou yíkuàir zuò gōngkè…yíge rén zuò gōngkè

_____

[3]. Comparison of two people performing the same action
Tā shuōhuà shuō de bǐ wǒ kuài. → xiě zì
New sentence: Tā xiě zì xiě de bǐ wǒ kuài.

a. zuò fàn _____

b. kàn shū _____

c. kǎoshì _____

d. zǒulù _____

e. hē píjiǔ _____

f. kāi qìchē _____

g. qí zìxíngchē _____

Repeat the above drill while making the comparisons negative by substituting *bù bǐ* and *méi.yǒu* for *bǐ* and adding *zhème* in front of the stative verb: e.g. *Tā shuōhuà shuō de méi.yǒu wǒ zhème kuài*, etc., making sure you know the difference in meaning.

a. zuò fàn _____

b. kàn shū _____

c. kǎoshì _____

d. zǒulù _____

e. hē píjiǔ _____

f. kāi qìchē _____

g. qí zìxíngchē _____

a. zuò fàn _____

b. kàn shū _____

c. kǎoshì _____

d. zǒulù _____

e. hē píjiǔ _____

f. kāi qìchē

g. qí zìxíngchē _____

[4]. Comparison of the abilities, likes, and dislikes between two people

Tā bǐ wǒ xǐhuan kàn diànshì. → xǐhuan chī yú
New sentence: Tā bǐ wǒ xǐhuan chī yú.

a. huì hē jiǔ

_____

b. huì shuō Zhōngwén

_____

c. xǐhuan wǒmen de Zhōngwén lǎoshī

_____

d. xǐhuan chī <u>Hánguó</u> cài

_____

e. xǐhuan niàn shū

_____

f. xǐhuan wèn wèntí

_____

Repeat the above drill while making the comparisons negative by substituting *bù bǐ* **and** *méi.yǒu* **for** *bǐ* **and adding** *zhème* **in front of the verb:** *Tā méi.yǒu wǒ zhème xǐhuan kàn diànshì,* **etc., making sure you know the difference in meaning.**

a. huì hē jiǔ

_____

b. huì shuō Zhōngwén

_____

c. xǐhuan wǒmen de Zhōngwén lǎoshī

_____

d. xǐhuan chī <u>Hánguó</u> cài

_____

e. bù xǐhuan niàn shū

_____

f. xǐhuan wèn wèntí

_____

a. huì hē jiǔ

_____

b. huì shuō Zhōngwén

_____

c. xǐhuan wǒmen de Zhōngwén lǎoshī

_____

d. xǐhuan chī Hánguó cài

_____

e. bù xǐhuan niàn shū

_____

f. xǐhuan wèn wèntí

_____

[5]. A is "even more" than B, in terms of a certain quality

Repeat Exercise 1, putting *gèng* **in front of the stative verb:** *Gēge bǐ dìdi gèng cōngming,* **etc.**

a. ānjìng _____

b. hǎokàn _____

c. kèqi _____

d. yǒuyìsi _____

e. yǒumíng _____

f. shòu _____

g. ài wánr diànnǎo _____

[6]. A is "a whole lot more" than B, in terms of a certain quality

Tā bǐ wǒ gāo de duō. → ǎi
New sentence: Tā bǐ wǒ ǎi de duō.

a. pàng _____

_____

b. shòu _____

_____

c. yǒuqián _____

d. cōngming _____

e. hǎokàn _____

f. yǒumíng _____

g. máng _____

[7]. A is "a wee bit more" than B, in terms of a certain quality

Repeat the drill above, substituting *yìdiǎnr* **for** *de duō*: *Tā bǐ wǒ gāo yìdiǎnr*, **etc.**

a. pàng _____

b. shòu _____

c. yǒuqián _____

d. cōngming _____

e. hǎokàn _____

f. yǒumíng _____

g. máng_____

[8]. Yes-no questions in comparisons using *bǐ*

Nǐ bǐ wǒ yǒuqián ma?
→ (*Shakes head.*) New sentence: Wǒ bù bǐ nǐ yǒuqián.
→ (*Nods.*) New sentence: Wǒ bǐ nǐ yǒuqián.

a. zhāojí _____

_____

_____

b. ài wánr _____

_____

_____

c. ài hē píjiǔ _____

_____

_____

d. ài wánr diànnǎo_____

_____

_____

e. xǐhuan kàn diànshì _____

_____

_____

f. ài chī Zhōngguó cài _____

_____

_____

g. xǐhuan chuān niúzǎikù_____

_____

_____

[9]. Same or different, with *gēn…yíyàng*

Use the same drill above, inserting *gēn…yíyàng* and discarding *bǐ*: *Nǐ gēn wǒ yíyàng yǒuqián ma?* etc. For negative answers, the particle *bù* is place in front of *gēn* or *méi.you…(nàme)*; for positive answers, the question is essentially repeated without the question particle *ma*, making sure you know the difference in meaning for the two negative answers.

a. zhāojí _____

_____

_____

b. ài wánr _____

_____

_____

c. ài hē píjiǔ _____

_____

_____

d. ài wánr diànnǎo_____

_____

_____

e. xǐhuan kàn diànshì _____

_____

_____

f. ài chī <u>Zhōngguó</u> cài _____

_____

_____

g. xǐhuan chuān niúzǎikù_____

_____

_____

[10]. The *lián...dōu/yě* pattern
Complete each sentence by adding the words in parentheses using *lián...dōu/yě*.

huì shuō Zhōngwén (tā)
New sentence: Lián tā dōu/yě huì shuō
Zhōngwén.

a. bú huì xiě nèige hànzì (lǎoshī)

_____

_____

_____

b. bú zài jiā chīfàn (wǒ dìdi)_____

_____

c. xǐhuan hē píjiǔ (<u>Zhōngguó</u> rén) _____

_____

d. yào zài nèige dìfang zhù (yǒuqián de rén) _____

_____

e. tā wàngle (míngzi)_____

_____

f. tā bú yào chī (fàn)_____

_____

g. bú yào tā (tā de nánpéngyou) _____

_____

h. tā huì xiě (Zhōngwén xìn)_____

_____

GRAMMAR/VOCABULARY EXERCISES

Follow each pattern below to produce correct Chinese sentences using the words/phrases provided for the particular pattern:

1.

X	_bǐ_	Y	_Quality_
Shū	bǐ	qiānbǐ	guì.

a. zhèi jiàn chènshān ($90), nèi jiàn chènshān ($50), guì/piányi _____

_____

b. zhèi shuāng xiézi ($85), nèi shuāng xiézi ($90), guì/piányi _____

_____

c. zhèi liàng qìchē (10 nián yǐqián mǎi de), nèi liàng qìchē (zuótiān mǎi de), xīn/jiù

_____

d. <u>Wáng Lán</u> (160cm tall), <u>Xiǎoměi</u> (165cm tall), gāo/ǎi _____

_____

2.

X	_bǐ_	Y	_Quality_
Kàn diànyǐng	bǐ	shàng kè	hǎowánr

a. zài fànguǎnr lǐ chīfàn, zài jiālǐ chīfàn, guì/piányi _____

_____

b. zuò gōnggòng qìchē, dǎ dī, guì/piányi _____

_____

3.

Person 1	Verb	Object	Verb	_de_	_bǐ_	Person 2	Quality
Tā	shuō	huà	shuō	de	bǐ	wǒ	kuài.

a. wǒ mèimei, wǒ, zuò fàn, hǎochī/nánchī _____

_____

b. Lùyì, Xiǎomíng, kāi chē, kuài/màn _____

_____

4.

X	bǐ	Y	Quality
Tā	bǐ	wǒ	xǐhuan kàn diànyǐng.

a. tā, wǒ, shàng Hànyǔ ke _____

_____

b. tā gēge, wǒ dìdi, hē jiǔ _____

_____

5.

X	bǐ	Y	gèng	Quality
Tā	bǐ	wǒ	gèng	gāo.

a. hóng chènshān ($90), lán chènshān ($50), huáng chènshān ($10), guì/piányi

_____

b. Wáng Lán (160cm tall), Xiǎoměi (165cm tall), Xiǎomíng (175cm tall), gāo/ǎi

_____

6.

X	bǐ	Y	Quality	de duō
Tā zuò fàn zuò de	bǐ	wǒ	hǎochī	de duō.

a. Dàshān (185cm tall), Měijìng (150cm tall), gāo/ǎi _____

_____

b. huī píxié ($300), hēi píxié ($50), guì/piányi _____

_____

7.

X	bǐ	Y	Quality	yìdiǎnr
Tā zuò fàn zuòde	bǐ	wǒ	hǎochī	yìdiǎnr.

a. Xiǎoměi (165cm tall), Xiǎomíng (166cm tall), gāo/ǎi _____

_____

b. hóng máoyī ($80), hēi máoyī ($79), guì/piányi _____

_____

8.

X	bǐ	Y	Quality	Amount
Tā de gǒu	bǐ	wǒ de gǒu	pàng	sān gōngjīn.

a. Dàshān (185cm tall), Měijìng (150cm tall), gāo/ǎi _____

_____

b. huáng píxié ($80), hēi píxié ($75), guì/piányi _____

_____

CLASSROOM ACTIVITIES

[1]. The instructor prepares at least two pairs of photographs. Those of people currently in the news are especially desirable. The pictures are then shown a pair at a time. Students are then asked to suggest stative verbs that describe one of the people pictures, with the instructor writing down the suggestions on a whiteboard. Then one student asks comparison questions, using the stative verbs listed, while another student gives answers.

_____

_____

_____

_____

_____

[2]. Pairs of students start a conversation about their progress in learning Chinese. Extra credit will be given each time the *lián…dōu/yě* pattern is used.

[3]. Statistics and analysis of the results. Collect the following information from three people: height, age, and price of their shoes (not necessarily the truth). Compare the results and present the information in class.

_____

_____

_____

_____

_____

_____

Supplementary vocabulary:

yīngchǐ (e.g. bā yīngchǐ) "foot"
yīngcùn (e.g. wǔ yīngcùn) "inch"

[4]. Describe the following pictures (as found in the student exercise book) using the *bǐ* construction.

a.

Cháng Jiāng 6300 gōnglǐ/
Huáng Hé 5464 gōnglǐ

_____

_____

_____

_____

b.

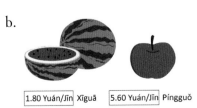

1.80 Yuán/Jīn Xīguā   5.60 Yuán/Jīn Píngguǒ

_____

_____

_____

_____

c.

d.

$50 $80 $90

TASK-BASED ACTIVITIES

ROLE PLAY: SHOPPING

Pre-task:

1. The teacher introduces the task.
2. Warm-up exercises: review key vocabulary and grammar structures of the passage.

Part 1:

Key vocabulary:

zhī.dào   wèn   xiǎng   děi   guǎi   zǒu   dào
qǐngwèn   zài   jiù
jiē   lù   shāngdiàn   nàr
duìmiàn   páng.biānr   hòu.biānr
tiáo

Key grammar points:

a. From here to there: *Cóng…dào…* (*FSC* Chapter 11)
b. Toward a direction: *Wàng qián zǒu; wàng zuǒ guǎi* (*FSC* Chapter 11)
c. By what route? *Zěnme zǒu?* (*FSC* Chapter 11)
d. Location: *Zài* (*FSC* Chapter 9)

Supplementary vocabulary:

lùkǒu (N) "intersection"
hónglǜdēng (N) "traffic light"

Useful sentences:

Qǐngwèn, cóng X dào Y zěnme zǒu?

Nǐ děi wǎng qián zǒu, dàole dì-yí ge lùkǒu wǎng zuǒ guǎi, zài wǎng qián zǒu shí fēn zhōng jiù shì le.

Nǐ wǎng qián zǒu, dàole hónglǜdēng wǎng yòu guǎi jiù shì.

Part 2:

Key vocabulary:

Yánsè (-sè) bái fěnhóng hēi hóng huáng huī lán lǜ zǐ qiǎn shēn

Key grammar points:

a. The nature of X and Y (*FSC* Chapter 18)
   X + *bǐ* + Y + quality
   Lǜsè de bǐ huángsè de guì.

b. "My dog is even bigger than your dog" (*FSC* Chapter 18)
   X + bǐ + Y + *gèng* + quality
   Lánsè de chènshān bǐ lǜsè de gèng guì.

c. "My dog is a lot/little bigger than your dog" (*FSC* Chapter 18)
   X + *bǐ* + Y + quality + *de duō*
   Lánsè de chènshān bǐ lǜsè de guì de duō.

d. "My dog is a wee bit bigger than your dog" (*FSC* Chapter 18)
   X + *bǐ* + Y + quality + *yìdiǎnr*.
   Huángsè de chènshān bǐ lǜsè de piányi **yìdiǎnr.**

e. "My dog is three kilograms bigger than your dog" (*FSC* Chapter 18)
   X + *bǐ* + Y + quality + amount
   Huángsè de chènshān bǐ lǜsè de piányi shí kuài qián.

f. Negation of a *bǐ* comparison (*FSC* Chapter 18)
   X + *bù* + *bǐ* + Y + quality
   Lánsè de chènshān bù bǐ lǜsè de guì.

g. "My dog is not as big as your dog" (*FSC* Chapter 18)
   X + (*méi*)*yǒu* + Y + (*zhème/nàme*) + quality
   Lánsè de chènshān méi.yǒu lǜsè de nàme guì.

Useful sentences:

Lǜsè de X bǐ huángsè de X guì.

Lánsè de X bǐ lǜsè de X gèng guì.

Lǜsè de X bǐ lánsè de X piányi.

Huánsè de X bǐ lǜsè de X gèng piányi.

Lánsè de X bǐ lǜsè de guì de duō.

Lánsè de X bǐ lǜsè de piányi yìdiǎnr.

Lánsè de X bù bǐ lǜsè de guì.

Lánsè de X méi.yǒu lǜsè de nàme guì.

Huángsè búcuò.
Duōshao qián?
Shì míngpáir de ma?
Zhèi jiàn/tiáo yòu shímáo yòu piányi.
Wǒ kěyǐ shìshi ma?
X zěnmeyàng?
Zhèi jiàn/tiáo tài dà/xiǎo/cháng/duǎn/guì le.
Zhèi jiàn/tiáo bú dà yě bù xiǎo.
Zhèi jiàn/tiáo bù cháng yě bù duǎn, hǎo jíle! Wǒ mǎi zhèi jiàn/tiáo.
Tài hǎo le, wǒ jiù mǎi zhèi jiàn/tiáo.
Tài guì le, piányi yìdiǎnr ba!

Scenario:

Imagine you are invited to a birthday party next Saturday. A shop in the city is having a sale at the moment, and you are going to this shop to buy what you will be wearing to the party.

Task:

1. Work in a group of three.
2. Student A is the customer, student B is the passerby, and student C is the shop assistant.
3. Create a dialogue in Chinese between A and B for part 1; A and C for part 2.
4. You may use some of the useful sentences given above.

Part 1: At the bus stop
   A: You just got off the bus close to downtown, but you do not know how to get to the shop. Ask a passerby the route to the shop.
   B: You are the passerby. Tell "A" how to get to the shop.

Part 2: At the shop
   A: You are a fussy customer. Almost none of the clothing in the shop, for whatever reason, meets your requirements. You make comparisons between prices, colors, sizes, etc. After all the negotiation, you decide to buy a shirt/blouse.
   C: You are one of the shop assistants. Although there are a lot of customers in the shop, you wait on "A", the fussy customer, patiently and give him/ her many suggestions.

Report:

Students present their completed dialogue group by group in class. If time is not sufficient for everyone to do a presentation, the teacher may instead choose two or three groups to present their dialogues in class.

ROLE PLAY: INFORMATION GAP

Pre-task:

1. The teacher introduces the topic and task.
2. Warm-up exercises:

   Key grammar points:
   a. The nature of X and Y (*FSC* Chapter 18)
      X + *bǐ* + Y + quality
      <u>Xiǎotiān</u> (chuān) de yīfu bǐ <u>Xiǎohóng</u> dà (yī hào*).
      <u>Xiǎo Mǎ</u> měi tiān shuì de bǐ <u>Xiǎohóng</u> wǎn.
   b. "My dog is a lot/little bigger than your dog" (*FSC* Chapter 18)
      X + *bǐ* + Y + quality + *de duo*
      Lánsè de chènshān bǐ lǜsè de guì de duō.
      <u>Xiǎo Mǎ</u> (chuān) de xiézi bǐ <u>Xiǎohóng</u> (chuān) de xiézi guì de duō.
   c. "My dog is three kilograms bigger than your dog" (*FSC* Chapter 18)
      X + *bǐ* + Y + quality + amount
      <u>Xiǎotiān</u> bǐ <u>Xiǎohóng</u> gāo wǔ gōngfēn**.
      <u>Xiǎo Mǎ</u> bǐ <u>Xiǎohóng</u> dà liǎng suì.
      <u>Xiǎo Mǎ</u> (chuān) de xiézi bǐ <u>Xiǎohóng</u> (chuān) de xiézi guì èrbǎi kuài.
   d. "My dog is like your dog"
      X + *gēn* + Y + *yíyàng* + (quality)
      <u>Xiǎo Mǎ</u> gēn <u>Xiǎomíng</u> yíyàng gāo.

   Supplementary vocabulary:
   *dà yī hào (Phrase) "one size larger"
   **gōngfēn (Cl) "centimeter"

Task:

1. Work in pairs.
2. One student is *Xiǎotiān*, and the other is *Xiǎo Mǎ*.
3. *Xiǎotiān* gets the missing information from *Xiǎo Mǎ* and fills in Table A.
4. *Xiǎo Mǎ* gets the missing information from *Xiǎotiān* and fills in Table B.
5. After filling in all the information, students take turns to ask each other questions and answer questions based on the information in the tables.

Students should ask as many questions as possible.

Table A (for use by <u>Xiǎotiān</u>)

	Xiǎohóng	*Xiǎomíng*	*Xiǎotiān*	*Xiǎo Mǎ*
Height	160 cm	175 cm	165 cm	
Age	20 suì	18 suì	18 suì	
Price of shoes	200 kuài	350 kuài	300 kuài	
Jīnnián kànguo de shū	10 běn	20 běn	30 běn	
Měi tiān xuéxí Zhōngwén de shíjiān	2 ge xiǎoshí	1 ge xiǎoshí	3 ge xiǎoshí	
Huì xiě de hànzì	300 ge	400 ge	500 ge	
Měi tiān shuìjiào de shíjiān	10:00 PM	10:30 PM	11:00 PM	
Qù xuéxiào yòng de shíjiān	30 fēn zhōng	1 ge xiǎoshí	1.5 ge xiǎoshí	

Table B (for use by <u>Xiǎo Mǎ</u>)

	Xiǎohóng	*Xiǎomíng*	*Xiǎotiān*	*Xiǎo Mǎ*
Height	160 cm	175cm		175 cm
Age	20 suì	18 suì		22 suì
Price of shoes	200 kuài	350 kuài		400 kuài
Jīnnián kànguo de shū	10 běn	20 běn		10 běn
Měi tiān xuéxí Zhōngwén de shíjiān	2 ge xiǎoshí	1 ge xiǎoshí		2 ge xiǎoshí
Huì xiě de hànzì	300 ge	400 ge		800 ge
Měi tiān shuìjiào de shíjiān	10:00 PM	10:30 PM		11:50 PM
Qù xuéxiào yòng de shíjiān	30 fēn zhōng	1 ge xiǎoshí		1 ge xiǎoshí

DIALOGUE EXERCISES

[1]. Practice each of the dialogues with your partner, replacing the names in the dialogue with your own names.

[2]. Answer the questions according to the contents of the dialogues.

DIALOGUE 1

a. <u>Zhōngguó</u> yǒu jǐ tiáo yǒumíng de dà hé?
b. <u>Zhōngguó</u> de dà hé jiào shénme míngzi?
c. Něi tiáo hé cháng?

General questions:

1. Nǐ jiā nàr yǒu hé ma?
   If yes, Nǐ zhī.dào nèi tiáo hé jiào shénme míngzi ma?
   If no, Nǐ zhī.dào <u>Zhōngguó</u> yǒu jǐ tiáo dà hé ma?

DIALOGUE 2

a. Xīn kāi de fànguǎnr zài nǎr?
b. Fànguǎnr de cài zěnmeyàng?
c. Zhèige fànguǎnr de cài bǐ bié de fànguǎnr de cài piányi duōshǎo?

General questions:

1. Nǐ jiā nàr yǒu fànguǎnr ma?
   If yes, Nèi jiā fànguǎnr de cài zěnmeyàng?
   If no, Nǐ chángcháng qù něige fànguǎnr chīfàn?

DIALOGUE 3

a. <u>Lǎo Xǔ</u> yào bāndào nǎr qù? Wèishénme yào bāndào xīn de dìfang qù?
b. <u>Lǎo Xǔ</u> xīn de gōngzuò bǐ xiànzài de gōngzuò hǎo ma? Zěnme hǎo?
c. <u>Lǎo Xǔ</u> qùguo <u>Tiānjīn</u> ma?
d. <u>Tiānjīn</u> hé <u>Lǎo Xǔ</u> xiànzài zhù de dìfang yǒu shénme bù yíyàng?

General questions:

1. Nǐ bàba zài nǎr gōngzuò?
2. Tā de xīnshuǐ gāo bu gāo?
3. Tā xiǎng bu xiǎng zhǎo xīn de gōngzuò?
4. Nǐ zhī.dào <u>Tiānjīn</u> zài nǎr ma?

DIALOGUE 4

a. Shéi zhǎng de gēn <u>Xuéyǒu</u> jīhu yíyàng?
b. <u>Xuéyǒu</u> de gēge gēn tā yíyàng shòu ma?
c. <u>Xuéyǒu</u> duó dà? Bǐ tā gēge xiǎo jǐ suì?
d. Tā gēge de xìngqù gēn tā yíyàng ma?
e. <u>Xuéyǒu</u> de chéngjì hǎo háishi tā gēge de chéngjì hǎo?
f. Wèishénme <u>Xuéyǒu</u> de chéngjì gēn tā gēge de bù yíyàng?

General questions:

1. Nǐ zhǎng de xiàng bu xiàng nǐ bàba?
2. Nǐ bǐ nǐ bàba gāo ma?
3. Nǐ de xíguàn, xìngqù gēn nǐ bàba yíyàng ma?
4. Nǐ ài wánr diànnǎo ma?

DIALOGUE 5

a. Wèishénme <u>Zhōng Yīn</u> yòu pàngle yì gōngjīn?
b. <u>Zhōng Yīn</u> yǐqián chī de bǐ xiànzài duō ma?
c. Wèishénme <u>Zhōng Yīn</u> xiànzài suīrán bù mǎi táng, kěshì háishi pàng le?
d. Wèishénme <u>Píngyuè</u> bú yào <u>Zhōng Yīn</u> qù mǎi táng ne?

General questions:

1. Nǐ bǐ qùnián pàng ma?
    If yes, Pàngle jǐ gōngjjīn/bàng?
    If no, Shòule jǐ gōngjjīn/bàng?
    If there is no change, Nǐ xǐhuan chī táng ma?
2. Nǐ juéde chī táng huì pàng ma?

TRANSLATION

1. China is larger than America.

2. Reading a book is more interesting than watching TV.

3. It is cheaper to watch TV than to see a movie.

4. Eating French food is more expensive than eating Chinese food.

    _____

5. He reads faster than I do.

    _____

6. He likes eating Japanese food more than I do.

    _____

7. My friend likes to study Chinese even more than me.

    _____

8. He drives even faster than I do.

    _____

9. My friend is much richer than me.

    _____

10. She is a lot better at speaking Chinese than I am.

    _____

11. He is a bit smarter than me.

    _____

12. Speaking Japanese is not easier than speaking Chinese.

    _____

13. I don't ride a bike as fast as he does.

    _____

14. My mom doesn't like to eat Chinese food as much as I do.

    _____

15. My car is just as expensive as yours.

    _____

16. Although he likes Chinese people, he doesn't want to study Chinese.

    _____

17. The Japanese book is about two-thirds cheaper than the French one.

    _____

18. Even *Daming* doesn't have a girlfriend.

_____

19. He doesn't even know where Beijing is.

_____

20. Even he doesn't like to fly to China.

_____

21. Chicken is one dollar more expensive than pork.

_____

22. She is not as pretty as her older sister.

_____

23. Her house is not as expensive as your house.

_____

24. Only one-third of the students at our school are female.

_____

25. Each and every book is very expensive.

_____

26. Each and every apple is very sweet.

_____

27. Although this pair of pants is very cheap, he doesn't want to buy them.

_____

28. Although Chinese is more difficult than English, I still want to study it.

_____

29. Although this work of fiction is cheaper than that work of fiction, I still want to buy that one.

_____

30. Although he is Chinese, he cannot speak Chinese.

_____

19

Lí qīmò kǎoshì yuè lái yuè jìn le
离期末考试越来越近了

SUBSTITUTION EXERCISES

[1]. Distance in space between two points

Xuéxiào lí chénglǐ yǒu duō yuǎn? → sān yīnglǐ
New sentence: Xuéxiào lí chénglǐ yǒu sān yīnglǐ.

a. wǒ jiā…nǐ jiā chàbuduō sān yīnglǐ

_____

b. Měiguó…Zhōngguó 11,000 gōnglǐ

_____

c. Běijīng…Tiānjīn bú dào yībǎi yīnglǐ

_____

d. chāoshì…huǒchēzhàn bàn gōnglǐ

_____

[2]. Distance in time between two points

Cóng xuéxiào dào chénglǐ yào duō jiǔ? → sānshí fēn zhōng
New sentence: Cóng xuéxiào dào chénglǐ yào sānshí fēn zhōng.

a. wǔ fēn zhōng

_____

b. shíwǔ fēn zhōng

_____

c. yíge xiǎoshí

_____

d. shí fēn zhōng

_____

e. shí duō fēn zhōng

_____

[3]. *Yǒu* + *duō* + SV as a "how" question

Nǐ jiā lí xuéxiào, sān yīnglǐ
New sentence: Nǐ jiā lí xuéxiào yǒu duō yuǎn?
Wǒ jiā lí xuéxiào yǒu sān yīnglǐ.

a. nǐ gēge, liù chǐ gāo

_____

_____

b. Cháng Jiāng, liùqiān duō gōnglǐ cháng

_____

_____

c. cóng dàxué dào fēijīchǎng, shí gōnglǐ

_____

_____

d. nǐ jiā lí dàxué, bàn gōnglǐ

_____

_____

[4]. *Duó(me)* + SV in exclamatory sentences

Nèi fù Zhōngguó huàr, piàoliang
New sentence: Nèi fù Zhōngguó huàr duó(me) piàoliang ya!

a. Tā de érzi, cōngming

_____

b. Nèige nánhái, hǎo

_____

c. Zhèr de fēngjǐng, měi

_____

d. Shuì zài nèi zhāng chuáng shàng, shūfu

_____

[5]. More and more: The *yuè lái yuè* pattern

Xiànzài háizi yuè lái yuè cōngming le. → piàoliang
New sentence: Xiànzài háizi yuè lái yuè piàoliang le.

a. pàng _____

b. gāo _____

c. chǎo _____

d. xǐhuan wánr _____

e. ài wán diànnǎo _____

f. ài kàn diànshì _____

g. bú yào niàn shū _____

h. bù tīng fùmǔ de huà _____

[6]. The growing trends: "The more X, then the more Y"

Tā yuè tīng yuè bù gāoxìng. → shuō…shēngqì
New sentence: Tā yuè shuō yuè shēngqì.

a. chī…shòu

_____

b. niàn Zhōngwén…xǐhuan

_____

c. yǒuqián…bú ài mǎi dōngxi

_____

d. lǎo…nánkàn

_____

e. zuò shēngyì…méi.yǒu qián

_____

f. shuì…qǐbulái

_____

[7]. The growing trends for two subjects

Tā yuè shuōhuà, wǒ yuè bú yào tīng. → yào wǒ kàn…bú yào kàn

New sentence: Tā yuè yào wǒ kàn, wǒ yuè bú yào kàn.

a. xǐhuan tā…bù xǐhuan tā

b. yǒuqián…bù shūfu

c. yǒu kòng…máng

d. pàng…shòu

e. xiǎng qù lǚxíng…xiǎng zài jiā

GRAMMAR/VOCABULARY EXERCISES

[1]. Change the following sentences into the *yuè…yuè…* pattern.

a. Máobǐ hěn guì.

b. Kǎoshì zhēn nán.

c. Dùzi hěn téng.

d. Xīn gōngyù hěn chǎo.

e. Zhōngwén hěn róngyì.

f. Wǒ māma zuò fàn zuò de hěn hǎochī.

g. Wǒ mèimei hěn piàoliang.

_____

[2]. Complete each of the following sentences.

a. Wǒmen zìjǐ _____ .

b. Tāmen zìjǐ _____ .

c. <u>Lǎo Zhāng</u> zìjǐ _____ .

d. <u>Xiǎo Wáng</u> zìjǐ _____ .

e. Lǎoshī zìjǐ _____ .

[3]. Complete the sentences using _yuè…yuè…_
A. _yuè…yuè…_ (one subject)

a. Háizi yuè zhǎng _____. (e.g. yuè xiàng bàba)

b. Tā de shēngyì yuè zuò _____.

c. Tā yuè chī _____.

d. Tā yuè shuì _____.

B. _yuè…yuè…_ (two subjects)

a. Háizi yuè gāoxìng, māma _____. (e.g. yuè gāoxìng)

b. Qián yuè duō, Tā _____.

c. Nǐ yuè shuō, wǒ _____.

CLASSROOM ACTIVITIES

[1]. Describe the picture or table using _yuè lái yuè…_
a. Describe the trend of apples using _yuè lái yuè…_

Month	January	Febuary	March
Price of apples	$5/jīn	$8/jīn	$10/jīn

_____ .

b.

_____
_____
_____
_____
_____

c.

_____
_____
_____
_____
_____

d.

_____
_____
_____
_____
_____

e.

_____
_____
_____
_____
_____

[2]. Carefully listen to each of the following pieces of information read to you by your teacher, and then summarize each trend (T), using *yuè…yuè…*, according to the information (I) given.

a. I: Xiǎomíng yǐqián jiǔ diǎn qǐ chuáng, xiànzài qī diǎn qǐ chuáng.

   T: _____ .

b. I: Wǒ yǐqián zhǐ chī yì wǎn fàn, xiànzài wǒ chī liǎng wǎn fàn.

   T: _____ .

c. I: Wǒ yǐqián wǔshíwǔ gōngjīn, xiànzài wǒ liùshísì gōngjīn.

   T: _____ .

d. I: Wǒ yǐqián bú tài huì xiě hànzì, xiànzài wǒ huì xiě hěn duō hànzì.

   T: _____ .

e. I: Wǒ yǐqián měi tiān shuì shí ge xiǎoshí, xiànzài wǒ měi tiān shuì bā ge
     xiǎoshí.

    T: _____ .

[3]. Ask each other the distance, both in terms of kilometers (*gōnglǐ*) and miles
(*yīnglǐ*) and in terms of hours and minutes between Auckland (<u>*Àokèlán*</u>) and
the following places:

	Distance miles/km	Driving hours
Auckland to:		
Napier	262/422	6:35
Paihia	149/240	4:15
Rotorua	145/233	3:35
Waitomo	124/200	3:10
Wellington	409/658	9:15

e.g.
Q: Àokèlán lí Napier yǒu duōshao gōnglǐ?
A: Àokèlán lí Napier yǒu 422 gōnglǐ.

Q: Cóng Àokèlán kāi chē dào Napier yào duō jiǔ?
A: Cóng Àokèlán kāi chē dào Napier yào liù ge xiǎoshí, sānshíwǔ fēn zhōng.

_____ .

_____ .

_____ .

_____ .

_____ .

_____ .

_____ .

_____ .

[4]. Go around and ask two different students the following information.

a. The distance between home and your college/university.
b. The number of blocks (*jiē*) between this classroom and the bus stop or where they parked their car (*tíng chē de dìfang*).
c. The number of days between today and their birthday.
d. One recent (*zuì jìn*) trend in the world/in the locality you are living/in their life, etc. (using *yuè lái yuè…*).

	Student A	*Student B*
Name		
Distance from university		
Distance from classroom to bus stop/parking place		
Number of days until birthday		
Recent trend		

TASK-BASED ACTIVITIES

ROLE PLAY: INFORMATION GAP

Pre-task:

1. The teacher introduces the topic and task.
2. Warm-up exercises:

    Key grammar points:

    a. "X is separated from Y"—Distance in Space
        Point X *lí* Point Y *yǒu* Distance
    b. "X is separated from Y"—Distance in time
        Cóng Point X *dào* Point Y *yào* (motion verb) Duration

    c. "X is close/far from Y"
      Point X *lí* Point Y close/far
    d. How Sweet is it?
      Topic Verb (phrase) *duó* SV

Supplementary vocabulary:

Guǎngzhōu (PW) (city in China)
Xī'ān (PW) (city in China)
Kūnmíng (PW) (city in China)

Useful questions and sentences:

    a. <u>Běijīng</u> lí <u>Shànghǎi</u> yǒu duōshao gōnglǐ?
      <u>Běijīng</u> lí <u>Shànghǎi</u> yǒu yìqiān líng liùshí gōnglǐ.
    b. Cóng <u>Běijīng</u> zuò huǒchē dào <u>Shànghǎi</u> yào duō jiǔ?
      Cóng <u>Běijīng</u> zuò huǒchē dào <u>Shànghǎi</u> yào liù ge xiǎoshí.
    c. Cóng <u>Běijīng</u> zuò fēijī dào <u>Shànghǎi</u> yào duō cháng shíjiān?
      Cóng <u>Běijīng</u> zuò fēijī dào <u>Shànghǎi</u> yào liǎng ge xiǎoshí.

Task:

1. Work in pairs.
2. One student is Student A and the other is Student B.
3. Student A needs to fill in the missing information in Table A. Student A asks Student B questions using the sentence patterns learned in this chapter.
4. Student B needs to fill in the missing information in Table B. Student B asks Student A questions using the sentence patterns learned in this chapter.
5. All questions and answers have to be in Chinese.

Table A (for Student A)

Beijing to	Distance (km)	Hours by train	Hours by plane
Shànghǎi	1064		
Guǎngzhōu		8–10	3.5
Tiānjīn		1	NA
Xī'ān	913	5.5	
Kūnmíng			4

Table B (for Student B)

Beijing to	Distance (km)	Hours by train	Hours by plane
Shànghǎi		6	2
Guǎngzhōu	2200		
Tiānjīn	110		NA
Xī'ān			2
Kūnmíng	2658	34	

Report:

Students present their completed conversation group by group in class. If time is not sufficient for everyone to do a presentation, the teacher may instead choose two or three groups to present their conversation in class.

DIALOGUE EXERCISES

[1]. Practice each of the dialogues with your partner, replacing the names in the dialogue with your own names.

[2]. Answer each of the questions below according to the contents of the relevant dialogue.

DIALOGUE 1

a. Xīn de sùshè zài nǎr? Jiù de ne?
b. Xīn de sùshè hǎo háishi jiù de hǎo? Wèishénme?

General questions:
1. Nǐ shì zhù zài sùshè háishi zhù zài jiālǐ?
2. Nǐ xǐhuan zhù zài sùshè háishi zhù zài jiālǐ?
3. Nǐmen dàxué yǒu méi.yǒu xuésheng sùshè?

DIALOGUE 2

For each of the following statements circle whether it is true (*duì*) or false (*bú duì*):

a. Jīnnán hé Hǎiquán dōu shì xuésheng. (*duì*) (*bú duì*)

b. Hǎiquán juéde qīmò kǎoshì yǐqián búyòng zuò liànxí. (*duì*) (*bú duì*)

c. Jīnnán zuìjìn lǎo zài xiǎng qù nǎr dù jià. (*duì*) (*bú duì*)

d. <u>Jìnnán</u> kěyǐ xiān qù dù jià, ránhòu kǎoshì. (*duì*) (*bú duì*)

e. Tāmen dōu děi xiān kǎoshì cái néng qù dù jià. (*duì*) (*bú duì*)

Working in pairs:

a. Imagining you were <u>Jìnnán</u>, in at least four sentences, tell your partner how you are feeling before the exam.

b. Imagining you were <u>Hǎiquán</u>, tell your partner to work hard for the exam, and give some practical advice on how to best study for it.

General questions:

1. Nǐ xǐhuan zuò gōngkè ma? Wèishénme?
2. Nǐmen de qīmò kǎoshì shì jǐ yuè?
3. Kǎowán shì nǐ huì qù dù jià ma?

DIALOGUE 3

Answer the questions according to the contents of the dialogues.

a. <u>Měiguó</u> de xībù lí <u>Zhōngguó</u> yǒu duō yuǎn?
b. <u>Měiguó</u> de xībù hé <u>Zhōngguó</u> de zhōngjiān shì shénme?
c. <u>Měiguó</u> de dōngbù gēn <u>Yīngguó</u> de zhōngjiān shì shénme?
d. Cóng <u>Měiguó</u> dào <u>Zhōngguó</u> bǐ dào <u>Yīngguó</u> yuǎn ma?

General questions:

1. Nǐ zhī.dào <u>Měiguó</u> de xībù lí <u>Zhōngguó</u> yǒu duōshao yīnglǐ ma?
2. Nǐ xǐhuan zuò fēijī qù lǚyóu ma?
3. Nǐ xiǎng bu xiǎng qù <u>Zhōngguó</u> lǚyóu?
   If yes, Nǐ xiǎng shénme shíhou qù <u>Zhōngguó</u> lǚyóu?
   If no, Wèishénme nǐ bù xiǎng qù <u>Zhōngguó</u> lǚyóu?

DIALOGUE 4

For each of the following statements circle whether it is true (*duì*) or false (*bú duì*):

a. <u>Běidū Fàndiàn</u> lí fēijīchǎng hěn yuǎn. (*duì*) (*bú duì*)

b. Qí chē qù <u>Běidū Fàndiàn</u> zuì róngyì. (*duì*) (*bú duì*)

c. Zuò dìtiě qù <u>Běidū Fàndiàn</u> yào huàn chē. (*duì*) (*bú duì*)

d. Cóng tāmen nàr zǒu xīn de gāosù gōnglù qù <u>Běidū Fàndiàn</u> búyòng huàn chē. (*duì*) (*bú duì*)

Answer each of the questions below according to the contents of the dialogue.

a. <u>Chéngcheng</u> yào qù nǎr? Qù zuò shénme?
b. <u>Běidū Fàndiàn</u> zài nǎr?
c. <u>Běidū Fàndiàn</u> lí tāmen nàr yǒu duō yuǎn?
d. Zěnme qù <u>Běidū Fàndiàn</u>?

General questions:

1. Nǐ jiā lí fēijīchǎng yuan ma?
2. Nǐ jiā lí fēijīchǎng yǒu duōshao gōnglǐ?
3. Cóng nǐ jiā kāi chē qù fēijīchǎng yào duō cháng shíjiān?
4. Nǐ jiā fùjìn yǒu fànguǎnr ma?
   If yes, Nǐ zěnme qù nèi jiā fànguǎnr?
   If no, Nǐ qù bu qù fànguǎnr chīfàn?

DIALOGUE 5

Complete the following sentences or answer the questions according to the contents of the dialogue.

a. <u>Shìmíng</u> xiǎng mǎi xīguā, tā wèn…
b. Xīguā duōshao qián yíge?
c. Lǎobǎn shuō <u>Shìmíng</u> kěyǐ…
d. <u>Shìmíng</u> mǎile jǐ ge xī.guā, Kěshì tā…
e. <u>Shìmíng</u> qǐng lǎobǎn bǎ xīguā sòngdào nǎr?
f. <u>Shìmíng</u> de jiā shì bú shì zài shūdiàn de lóuxià?
g. <u>Shìmíng</u> de jiā lí shuǐguǒtān yuǎn bù yuǎn?
h. Shéi huì bǎ <u>Shìmíng</u> zài shuǐguǒtān mǎi de xīguā sòngdào jiā qù?

General questions:

1. Nǐ xǐhuan chī xīguā ma?
2. Xīguā shì bu shì yuè dà yuè tián?
3. Nǐ jiā zài nǎr?
4. Nǐ shì zhù zài gōngyù ma?
5. Nǐ jiā fùjìn yǒu méi.yǒu shuǐguǒtān?

TRANSLATION

1. China is over 10,000 kilometers from the US.

2. The library is eight blocks from the cafeteria.

3. Our university is very near downtown, only about 10 minutes by foot.

    _____

4. England is nearer to France than to the United States.

    _____

5. The Bank of America is nearer to my favorite snack shop than is the library.

    _____

6. How thin is *Jiang laoshi*?

    _____

7. How fast is it to go by (riding a) bike?

    _____

8. The building is so high!

    _____

9. Driving a car (there) is so fast!

    _____

10. It is so cold in the winter!

    _____

11. It gets easier and easier to study Chinese.

    _____

12. I'm getting better and better looking!

    _____

13. The harder you study, the better (results) you may get from the exams.

    _____

14. The more I eat Chinese food, the more I like it.

    _____

15. The more people come, the happier I am.

    _____

16. The weather is getting hotter and hotter.

_____

17. The boss is getting fatter and fatter.

_____

18. The closer it gets to the final exam the more nervous I am.

_____

19. The more friends (there are) the happier I am.

_____

20. The dishes (served) at the restaurant directly across (from place X) are getting worse and worse tasting.

_____

21. My house is half a kilometer from the train station.

_____

22. My house is not as far as 10 kilometers from the university.

_____

23. (To get) from the bank to the library (one) needs to walk for 15 minutes.

_____

24. (To go) from New Zealand to Shanghai (one) needs to fly 11 hours.

_____

20

Mīmī bèi xiǎo gǒu yǎoshāng le
咪咪被小狗咬伤了

SUBSTITUTION EXERCISES

[1]. From SVO sentence to *bèi* sentence

Gēge màile qìchē le.
New sentence: Qìchē bèi gēge mài le.

a. Jǐngchá dàizǒule tā de lǎobǎn.

_____

b. Háizi chīwán jiǎozi le.

_____

c. Tā názǒule wǒ de niúzǎikù.

_____

d. Wǒ de péngyou dǎle wǒ de dìdi.

_____

e. Tóngxué názǒule wǒ de xuéshengzhèng.

_____

f. Tā tōule tóngxué de hùzhào le.

_____

[2]. *Bèi* sentences without mentioning the culprit

Repeat the drill above without mentioning the subjects in the sentence cues:
Gēge màile qìchē le becomes *Qìchē bèi màile*, etc.

a. Jǐngchá dàizǒule tā de lǎobǎn. _____

b. Háizi chīwán jiǎozi le. _____

c. Tā názǒule wǒ de niúzǎikù. _____

d. Wǒ de péngyou dǎle wǒ de dìdi. _____

e. Tóngxué názǒule wǒ de xuéshengzhèng. _____

f. Tā tōule tóngxué de hùzhào le. _____

[3]. *Ràng* and *gěi* as indicators of passives, doer mentioned

Tā hēwánle píjiǔ le.
New sentence: Píjiǔ ràng tā gěi hēwán le.

a. Tā chīwánle táng le.

_____

b. Lǎoshī zhǎozháole nèi běn shū le.

_____

c. Wǒ de péngyou hēwánle nèi bēi kāfēi le.

_____

d. Tā jiějie názǒule nèi běn zázhì le.

_____

e. Tā de péngyou qízǒule tā de zìxíngchē le.

_____

f. Māma zhǎodào xìnyòngkǎ le.

_____

[4]. Passives, doer not mentioned

Repeat the drill above without mentioning the subjects in the sentence cues: *Tā hēwánle píjiǔ le* becomes *Píjiǔ gěi hēwán le*, **etc.**

a. Tā chīwánle táng le. _____

b. Lǎoshī zhǎozháole nèi běn shū le. _____

c. Wǒ de péngyou hēwánle nèi bēi kāfēi le. _____

d. Tā jiějie názǒule nèi běn zázhì le. _____

e. Tā de péngyou qízǒule tā de zìxíngchē le. _____

f. Māma zhǎodào xìnyòngkǎ le. _____

[5]. *Ma* (yes-no) questions with *ràng* and *gěi*, negative answers

Píjiǔ ràng tā (gěi) hēwán le ma?

→ (*Shakes head.*) New sentence: Píjiǔ méi.yǒu ràng tā (gěi) hēwán.

a. Táng ràng tā (gěi) chīwán le ma? _____

_____

b. Nèi běn shū ràng lǎoshī (gěi) zhǎozháo le ma? _____

_____

c. Nèi bēi kāfēi ràng wǒ de péngyou (gěi) hēwán le ma? _____

_____

d. Nèi běn zázhì ràng tā jiějie (gěi) názǒu le ma? _____

_____

e. Tā de zìxíngchē ràng tā de péngyou (gěi) qízǒu le ma? _____

_____

f. Māma de xìnyòngkǎ ràng tā (gěi) zhǎodào le ma? _____

_____

[6]. Passive yes-no questions, doer not mentioned, negative answers

Píjiǔ gěi hēwán le ma?

→ (*Shakes head.*) New sentence: Píjiǔ méi gěi hēwán.

a. Táng gěi chīwán le ma? _____

_____

b. Nèi běn shū gěi zhǎozháo le ma? _____

_____

c. Nèi bēi kāfēi gěi hēwán le ma? _____

_____

d. Nèi běn zázhì gěi názǒu le ma? _____

_____

e. Tā de zìxíngchē gěi qízǒu le ma? _____

_____

f. Māma de xìnyòngkǎ gěi zhǎodào le ma? _____

_____

[7]. Not only X, but furthermore Y: _búdàn…érqiě_ (single subject/topic)

Jīntiān hěn lěng. Jīntiān hái xià yǔ.
New sentence: Jīntiān búdàn hěn lěng, érqiě hái xià yǔ.

a. mòjìng shímáo, piányi _____

_____

b. cōngming, yònggōng _____

_____

c. xué Zhōngwén, xué Rìwén _____

_____

d. hěn lèi, hěn è _____

_____

e. yǒuqián, yǒu kòng _____

_____

[8]. Not only X, but furthermore Y: _búdàn…érqiě_ (two different subjects/topics)

Jīntiān hěn lěng. Jīntiān, zuótiān dōu hěn lěng.
New sentence: Búdàn jīntiān hěn lěng, érqiě zuótiān yě hěn lěng.

a. wǒ gēge, wǒ dìdi dōu zhǎng de hěn gāo _____

_____

b. Zhōng-Yīng cídiǎn, Yīng-Zhōng cídiǎn dōubù piányi_____

_____

c. yāo, bèi dōu téng _____

_____

d. túshūguǎn, chāoshì lí wǒ jiā dōubù yuǎn _____

_____

e. xìnyòngkǎ, xuéshengzhèng dōu bèi tōu le _____

_____

GRAMMAR/VOCABULARY EXERCISE

Please complete the following sentences:

e.g.: Jīntiān búdàn lái kàn diànyǐng de rén hěn duō, <u>érqiě mǎi dōngxi de rén yě hěn duō</u>.

a. Tā de xìnyòngkǎ bèi tōu le, _____ .

     _____

b. Tā de qìchē ràng tā bàba gěi mài le, _____ .

     _____

c. Tā de lǎoshī búdàn hěn hǎokàn, _____ .

     _____

d. Zuótiān tā de Zhōngwén shū ràng péngyou (gěi) jièzǒu le, _____ .

     _____

e. Zuótiān tā bǎ tā de qián (gěi) huāwán le, _____ .

     _____

CLASSROOM ACTIVITIES

[1]. Describe each of the pictures below using a *bèi* sentence.

a.

b.

c.

_____
_____
_____
_____

d.

_____
_____
_____
_____

e.

_____
_____
_____
_____

[2]. Carefully listen to each of the following sentences as read by your teacher (O) and then convert each of those sentences into a new sentence using *bèi* (N).

O: Fēng bǎ qiúpiào chuīdào huāyuán lǐ le.

N: _____ .

O: Tóngxué bǎ wǒ de Zhōngwén shū názǒu le.

N: _____ .

O: Xiǎo gǒu bǎ xiǎo māo yǎoshāng le.

N: _____ .

O: Jǐngchá zhǎodàole tōu dōngxi de rén.

N: _____ .

O: Háizi bǎ táng dōu chīwán le.

N: _____ .

O: Jǐngchá dàizǒule tōu dōngxi de rén.

N: _____ .

[3]. Carefully listen to each of the following sentences (O) and then convert each of those sentences into a new sentence using *ràng* and/or *gěi* (N).

O: Tā hēwánle niúnǎi le.

N: _____ .

O: Tā chīwánle jiǎozi le.

N: _____ .

O: Lǎoshī zhǎozháole nèi běn shū le.

N: _____ .

O: Wǒ de péngyou mǎidàole diànyǐng piào le.

N: _____ .

O: Tā xiěhǎole nèige gùshi le.

N: _____ .

O: Mèimei bǎ gēge qìhuài le.

N: _____ .

[4]. Carefully listen to each of the following sentences (O) and then convert each of those sentences into a new sentence using *búdàn…érqiě…*(N).

A. One subject:

O: <u>Zhōngguó</u> cài yòu hǎochī yòu piányi.

N: _____ .

_____

O: Píbāo lǐ yòu yǒu qián yòu yǒu wǒ suǒyǒude xìnyòngkǎ.

N: _____ .

_____

O: Tā yòu xué Zhōngwén yòu xué Rìwén.

N: _____ .

B. Two subjects:

O: <u>Nánjīng</u> hé <u>Shànghǎi</u> dōu mǎibudào zhèi běn shū.

N: _____ .

_____

O: Wǒ bàba hé wǒ māma dōu zhǎng de hěn gāo.

N: _____ .

_____

O: Túshūguǎn hé chāoshì lí wǒ jiā dōubù yuǎn.

N: _____ .

_____

O: Wǒ hé wǒ gēge dōu xǐhuan tīng yīnyuè hé huàhuàr.

N: _____ .

_____

[5]. The class needs to prepare for this activity with a homework assignment. Students are split into pairs to write a short dialogue about something unfortunate that happened to one or the other of them recently: getting a traffic or parking ticket, oversleeping for class, losing something, getting a reprimand, etc. The dialogues should be short, no more than about eight lines, but should contain at least two passive or causative sentences. Each pair of students should perform their dialogue in front of the class on the day designated for activities.

_____

_____

_____

_____

_____

_____

_____

TASK-BASED ACTIVITY

ROLE PLAY

Pre-task:

1. The teacher introduces a topic and task.
2. Warm-up exercises: review key vocabulary and grammar structures.

> *Key vocabulary:*
>
> píbāo   hùzhào   qiúpiào   xìnyòngkǎ   xuéshengzhèng   jǐngchá
> bǐsài   zúqiúsài
> gāngcái
> tōu   zhuā
> yīnggāi
> dǎoméi
> bèi

> *Key grammar structures:*
>
> a. The function of *bèi*: Culprit mentioned (*FSC* Chapter 20)
>   Topic + *bèi* + culprit + unwelcome action
>   Wǒ de píbāo bèi rén tōu le.
> b. The function of *bèi*: Culprit not mentioned (*FSC* Chapter 20)
>   Topic + *bèi* + unwelcome action
>   Wǒ de píbāo bèi tōu le.
> c. *Bǎ* as a causative (*FSC* Chapter 20)
>   (Subj) + *bǎ* + someone + resultant state
>   Zhēn bǎ wǒ qìsǐ le!
> d. "Not only X, but furthermore Y" (*FSC* Chapter 20)
>   Topic 1 + *búdàn* + comment 1 + *érqiě yě/hái* + comment 2
>   Píbāo lǐ búdàn yǒu qián, yǒu xìnyòngkǎ, érqiě hái yǒu xuéshengzhèng hé hùzhào.
> e. "There exists" (*yǒu*) (*FSC* Chapter 6)
>   Píbāo lǐ yǒu qián, hùzhào, xìnyòngkǎ hé xuéshengzhèng.
> f. The *bǎ* construction (*FSC* Chapter 17)
>   Subject + *bǎ* + object + verb complement
>   Wǒ bǎ píbāo nádào chēzhàn qù.
> g. Coverb (*gěi*) (*FSC* Chapter 10)
>   Subject + *gēn* + somebody + predicate ("do something")
>   Wǒ gěi jǐngchá dǎ diànhuà.
> h. Purposeful manner of doing something (*FSC* Chapter 13)
>   Subject + stative verb + *de* + verb object
>   Tāmen hěn gāoxìng de shàngle gōngjiāochē.

Supplementary vocabulary:

Xiǎohǔ (N) (person's name)

Píngping (N) (person's name)

Useful sentences:

Nǐ shàng nǎr?/Nǐ qù nǎr?

Wǒ qù kàn zúqiúsài.

Nǐ mǎile qiúpiào le ma?

Wǒ de píbāo bèi rén tōu le.

Wǒ de píbāo bèi tōu le.

Píbāo lǐ búdàn yǒu qián, yǒu xìnyòngkǎ, érqiě hái yǒu xuéshengzhèng hé hùzhào.

Zhēn bǎ wǒ qìsǐ le!

Zhēn dǎoméi!

Bié zháojí.

Nǐ mǎshang gěi jǐngchá dǎ diànhuà, qǐng tāmen xiǎng fǎzi zhǎo.

Jǐngchá zhuādào yíge tōu píbāo de rén.

Jǐngchá shuō: "Wǒ bǎ píbāo nádào chēzhàn qù, nǐ zài chēzhàn děng wǒ."

Tāmen hěn gāoxìng de shàngle gōngjiāochē.

(Note: The teacher may go through all of the sentences and make sure students understand their meaning and usage.)

Scenario:

At the bus stop, *Xiǎohǔ* sees *Píngping* and asks her where she is going. *Píngping* tells *Xiǎohǔ* that she is going to watch a soccer game with her friends. Coincidentally, *Xiǎohǔ* is also going to watch the soccer game. *Xiǎohǔ* asks *Píngping* if she has bought her soccer game ticket, then she realizes that her handbag has been stolen and tells *Xiǎohǔ* about it. *Xiǎohǔ* asks what was in the handbag. *Píngping* says: credit cards, her student ID, passport, and some cash as well. *Xiǎohǔ* suggests that *Píngping* call the police. *Píngping* calls the police. The policeman tells her they have just caught a man who stole someone's handbag. The policeman asks *Píngping* to wait at the bus stop. He will bring a handbag to the bus stop and to find out if the handbag belongs to her. When the policeman arrives at the bus stop, *Píngping* confirms that the handbag belongs to her. After the policeman has returned the handbag to *Píngping*, the bus comes. Both of them happily board the bus.

Task:

1. Work in a group of three.
2. Imagine that one of you is *Xiǎohǔ*, another is *Píngping*, and the third is the policeman.

3. First construct a dialogue between *Xiǎohǔ* and *Píngping* and then between *Xiǎohǔ* and the policeman. Feel free to add narratives if the dialogues cannot capture the whole story.
4. You may use some of the useful sentences given above.

Report:

Students present their completed dialogue group by group in class. If time is not sufficient for everyone to do a presentation, the teacher may instead choose two or three groups to present their dialogues in class.

DIALOGUE EXERCISES

[1]. **Practice each of the dialogues with your partner, replacing the names in each dialogue with your own names.**

[2]. **Answer each of the questions according to the contents of the relevant dialogue.**

DIALOGUE 1

a. Tiānlè píbāo lǐ yǒu shénme?
b. Tiānlè hé Duōduo yào gěi shéi dǎ diànhuà? Wèishénme?

General questions:

1. Yàoshi nǐ de píbāo bèi tōu le, nǐ huì gěi shéi dǎ shǒujī? Wèishénme?
2. Nǐ měi tiān dōu huì bǎ hùzhào fàng zài píbāo lǐ ma?
3. Nǐ huì bǎ shénme dōngxi fàng zài píbāo lǐ?

DIALOGUE 2

a. Lóuxià wèishénme hěn chǎo?
b. Xuéshengmen zài wǎnhuì shàng zuò shénme?
c. Tiě Shíhǎi gēn Jiāng Lìxíng dōubù xǐhuan zhème nào, shì ma?

General questions:

1. Nǐ huì chàng gē, tiào wǔ ma?
2. Nǐ chángcháng kāi wǎnhuì ma?
3. Yàoshi nǐ de línjū kāi wǎnhuì hěn nào, nǐ huì zěnme bàn?

DIALOGUE 3

a. Shéi hé shéi dǎ jià le?
b. Shéi bèi yǎoshāng le?
c. Xiǎo gǒu de nǎr liú xiě le?
d. Yào bǎ tāmen sòngdào nǎr qù?

General questions:

1. Nǐ xǐhuan xiǎo māo háishi xiǎo gǒu? Wèishénme?
2. Yàoshi nǐ jiā de xiǎo māo huòzhě xiǎo gǒu bèi yǎoshāng le, nǐ huì zěnme bàn?

DIALOGUE 4

a. Wèishénme jīntiān mǎi diànyǐngpiào děi pái hǎo cháng de duì?
b. Tāmen kàn něige diànyǐng? Nà shì shénme piàn?
c. Wèishénme Kāilì xǐhuan kàn xǐjùpiàn, bù xǐhuan kàn bēijùpiàn?

General questions:
1. Nǐ xǐhuan kàn diànyǐng ma?
2. If yes, Nǐ xǐhuan kàn xǐjùpiàn háishi bēijùpiàn?
3. If no, Nǐ bù xǐhuan kàn diànyǐng, nǐ xǐhuan zuò shénme?

DIALOGUE 5

a. Shéi zhǎobudào zúqiúsài piào le?
b. Wèishénme piào bú zài píbāo lǐ ne?
c. Wèishénme piào kěnéng bèi fēng chuīdào dìshàng le?

General questions:
1. Nǐ kànguo zúqiúsài ma?
2. If yes, Nǐ zài nǎr kànguo zúqiúsài?
3. If no, Nǐ xǐhuan kàn shénme qiúsài?
4. Nǐ huì suíbiàn bǎ dōngxi fàng zài zhuōzi shàng ma?

[3]. Ask each other the following questions regarding Dialogue 4:

a. Nǐ xǐhuan kàn diànyǐng ma?
b. Nǐ xǐhuan kàn shénme piàn? Bù xǐhuan kàn shénme piàn? Wèishénme?
c. Nǐ zuì xǐhuan / bù xǐhuan kàn shéi yǎn de diànyǐng?
d. Zài Měiguó mǎi diànyǐngpiào yào pái hěn cháng de duì ma? Wèishénme? (If you are from another country you can talk about the situation in your country instead.)

TRANSLATION

1. My student ID was stolen by one of my friends.

    _____

2. The Coke was all drunk up by the kids.

    _____

3. The car was sold by his elder sister.

    _____

4. His shirt was lent to a friend by his mother.

    _____

5. The red paper was blown away by the wind.

    _____

6. The meal was eaten.

    _____

7. The house was bought by other people.

    _____

8. Other people did not buy the house.

    _____

9. He was taken away by the police.

    _____

10. The police did not take him away.

    _____

11. The table was not moved into that room.

    _____

12. The book has not been completed (i.e. finished being written to a satisfactory state).

    _____

13. Her pen was stolen, making her unable to do her homework.

_____

14. He's out of money, so he couldn't send a gift.

_____

15. Someone said she won't write to him; he's livid.

_____

16. He not only likes to watch tragedies, but also comedies.

_____

17. Not only is the dog fierce, but so is the cat.

_____

18. Not only did his briefcase have (his) student ID, but it also had (his) credit card.

_____

19. He not only wants to buy Chinese dumplings, he also wants to buy stir-fried beef.

_____

20. Not only was the dog's back scratched open, it also bled.

_____

21. He not only likes to sing karaoke, he also likes to dance.

_____

COMPLETE THE DIALOGUE

Complete the following dialogue using *Hànyǔ Pīnyīn* romanization. When words are provided in parentheses, you should use them.

A: Qǐngwèn, zhèr fùjìn yǒu chāoshì ma?

B: _____ . (duìmiàn)

A: Lí zhèr yǒu duō yuǎn?

B: _____ . (zǒulù)

A: Qǐngwèn, cóng zhèr dào chāoshì zěnme zǒu?

B: _____ . (wǎng yòu guǎi, yìzhí)

FILL IN THE BLANK

Fill in each blank by choosing the most appropriate word from the alternatives provided in the box. You should not use any word more than once.

A.

jiàn dài duì fù suǒyǐ tì zuì lián yòng huì

Shìzhōngxīn yǒu yì jiā xiǎochīdiàn. Nèi jiā xiǎochīdiàn de lǎobǎn jiào <u>Gāo</u>

<u>Měizhēn</u>, tā shì <u>Zhōngguó</u> rén, tā _____ shuō Hànyǔ, yě huì shuō Yīngyǔ.

Yīn.wèi tā _____ kèrén hěn hǎo, _____ wǒ hěn xǐhuan qù tā de diàn

chī wǔfàn.

Wǒ de nánpéngyou shì <u>Zhōngguó</u> rén. Yǐqián tā shuō wǒ hěn bèn,

_____ yíge hànzì yě bù huì xiě, kěshì <u>Gāo</u> lǎobǎn shuō wǒ hěn cōngming, tā

jiāo wǒ shuō Hànyǔ, xiě hànzì. Tā hái jiāo wǒ _____ máobǐ xiě xìn. Xiànzài

wǒ _____ xǐhuan shuō Hànyǔ, xiě hànzì le. Wǒ hái _____ wǒ de

nánpéngyou yòng máobǐ gěi tā fùmǔ xiě Zhōngwén xìn, tā fùmǔ shuō wǒ zhēn

cōngming.

Wǒ nánpéngyou de fùmǔ xiàge xīngqī jiù lái <u>Měiguó</u> wánr. Wǒ děi qù shāng-

diàn mǎi jǐ _____ piàoliang de yīfu. Wǒ _____ de zhèi fù yǎnjìng tài

jiù le, wǒ de nánpéngyou shuō tā yào gěi wǒ mǎi yí _____ xīn de, hǎokàn de

yǎnjìng.

B.

búguò	de	yòu	rènshi	jí	lián	duì	búshì	jīhuì	hé

<u>Dàmíng</u> cái shíbā suì, kěshì tā yìzhí xīwàng yǒu _____ rènshi yíge

nǚpéngyou, jiù _____ shàng kè de shíhou tā yě xiǎngzhe rènshi nǚpéngyou.

<u>Měimei</u> _____ <u>Dàmíng</u> dōu zài <u>Měisī Dàxué</u> niàn shū. <u>Měimei</u> yòu cōng-

ming _____ piàoliang, <u>Dàmíng</u> dì-yī tiān _____ tā jiù xǐhuan tā le.

Jīntiān shì <u>Dàmíng</u> dì-yī cì gēn <u>Měimei</u> yíkuàir chūqu wánr. Tāmen chīle hěn

duō hàochī de dōngxi, yě hēle bù shǎo kāfēi. Kěshì tāmen liáotiān de shíhou,

<u>Dàmíng</u> jǐnzhāng _____ le. <u>Dàmíng</u> _____ shuō de tài kuài, jiùshì bù

zhī.dào yào shuō shénme. _____, tāmen háishi wán de hěn gāoxìng. Dàole

wǎnshang, tāmen hái qùle <u>Fǎguó</u> fànguǎnr chī wǎnfàn. Tāmen hē tāng de shíhou,

<u>Dàmíng</u> de dùzi yǒu diǎnr bù shūfu. Tā xiǎng tā děi qù cèsuǒ, suǒyǐ tā hěn kuài

_____ bǎ tāng hē wán, ránhòu _____ <u>Měimei</u> shuō: "<u>Měimei</u>, duìbuqǐ,

wǒ chūqù yìhuǐr jiù huílái." <u>Měimei</u> yǐwéi <u>Dàmíng</u> bù xǐhuan tā, tā méi děng

<u>Dàmíng</u> huílái jiù huíqù le.

TRANSLATION

Translate the following sentences or passages into Chinese using *Hànyǔ Pīnyīn* romanization together with the correct tone marks over the correct letters.

[1].

a. David is an American. He has been living in Shanghai for two years.

_____

b. Before he came to China, he couldn't even speak the slightest bit of Chinese.

_____

c. Now he can talk to me in Chinese very well.

_____

d. Because he likes Chinese food very much, I invited him to my place for dinner last night.

_____

e. I cooked beef fried rice and cabbage soup for him.

_____

f. After eating dinner, we watched TV, and after that he returned home.

_____

g. He called me as soon as he got back home.

_____

h. He told me his stomach was uncomfortable.

_____

i. I told him there is a hospital just behind his house, and he went to see the doctor.

_____

j. The doctor told him that he had eaten too much and that he would be better tomorrow.

_____

[2].

I walk to class every day. It takes half an hour to walk from my house to the university by foot and ten minutes by bus. *Xiao Wang* is my classmate and my neighbor. He doesn't like to walk; (rather) he likes to ride a bicycle. He rides a bicycle to class every day. If it is raining, then he takes a bus. Taking a bus from that bus stop in front of my home to the university costs $1.50, which is too expensive. When it rains, I also take the bus.

_____

_____

_____

_____

_____

[3].

My older sister is three years older than me, and she is twenty-five this year. Although many people say that my older sister and I look very much alike, our interests are completely different. She likes to watch movies and read. I like to ride a bicycle and climb mountains. She likes quiet. I like bustling activity. Because she likes to eat sweet things more than I do, she is fatter than me.

_____

_____

_____

_____

[4].

Although this examination is extremely difficult, (however) I still ought to do very well. This is because from last month until now, I have been getting up very early every morning. As soon as I get up, I begin to study how to write Chinese characters, and I do not go to sleep until very late at night. At the very least, I ought to be able to remember not to write "进" as "近".

_____

_____

_____

_____

[5].

I hadn't been to Snowy Mountain (*Xuě Shān*) before. I have heard that the scenery around Snowy Mountain is very beautiful. Next week I will drive to Snowy Mountain with two of my good friends to have fun. It takes five hours to drive to Snowy Mountain from my home. Because there are many people around Snowy Mountain, my uncle (father's younger brother) said that we shouldn't let our money and credit cards be stolen.

_____

_____

_____

_____

_____

[6].

To the left of the Bank of China is a large, newly opened supermarket. I have heard that the sunglasses sold in that supermarket are both fashionable and comfortable. Summer is almost here, so I would like to buy a pair of sunglasses. Today, after I finished class, I went to that supermarket to have a look. Although the sunglasses at that supermarket are really numerous, I looked (through them) over and over, but I was unable to find a pair that I liked. In the afternoon I went to a glasses shop in the city center to have a look. I saw a pair of sunglasses that were both good and fashionable. I liked them a lot. However, they weren't cheap, costing $99. I only had $90, which was still $9 short. Tomorrow I'll go (lit. "come") again.

_____

_____

_____

_____

_____

[7].

My classmate and I both like eating. At university we can go to a restaurant to eat. At home I cook Chinese food; my classmates can't cook. They like to buy snacks. Near the university there are many different restaurants. Chinese, Japanese, French, (they) are all there. The food at the French restaurant is very expensive, (so) we don't go there. I like to eat Japanese food very much, but my classmates like to eat Chinese food. If we go to a Chinese restaurant to eat, because it is cheap, I will treat. If we go to a Japanese restaurant to eat, my classmate treats. (When) we eat we also like to drink something. I like to drink alcohol best, but alcohol is expensive and I can't afford it. Therefore I drink ice water. My classmate doesn't drink alcohol. He says that alcohol does not taste good, (but) cola tastes good. Therefore he likes to drink cola.

---

[8].

Mary (*Mǎlì*) is an American student studying in Beijing. Her dormitory is only three kilometers from the Fragrant Mountain, and it takes fifteen minutes by bus. The Fragrant Mountain scenery is very beautiful. Therefore, in every season (lit. "spring, summer, autumn, winter") there are always many people going there to have fun. Mary very much likes to climb Fragrant Mountain. The weather today is very good. Mary said to her roommate Nancy (*Nánxī*), "Let's go together to Fragrant Mountain, OK?" Nancy said, "OK!"

Just as they were thinking of heading out the door, Mary couldn't find her wallet.

She asked Nancy, "Have you seen my wallet?"

"Isn't your wallet in your leather handbag?"

"I looked. It wasn't in the leather handbag."

Mary looked everywhere in the room over and over again but was unable to find her wallet.

Nancy said, "It must be the case that it was stolen."

Mary said, "It certainly must have been stolen yesterday while (I was) shopping."

"Was there money in the wallet?"

"Not only was there money and credit cards, but I also put my student ID card and bank card into the wallet."

"In that case, you had better hurry and call the police."

Just as Mary was intending to call the police, she discovered that her wallet had been placed on the table in front of her.

_____

_____

_____

_____

_____

_____

_____

_____

_____

_____

_____

READING COMPREHENSION

[1]. Read each of the following passages and answer all the questions that follow it.

<u>Gāo Míngliàng</u> shì <u>Yīngguó</u> de Huárén. Tā yǐqián lián yíge hànzì dōubú huì xiě, xiànzài tā búdàn huì xiě hànzì, érqiě hái huì yòng máobǐ xiě ne! Tā de máobǐzì hěn hǎokàn, wǒ xiǎng gēn tā xué, tā shuō: "Hǎo ya! Wǒ jiāo nǐ xiě máobǐzì, nǐ qǐng wǒ chīfàn zěnmeyàng?" Wǒ shuō: "Méi wèntí."

Wǒ jiā duìmiàn yǒu yī jiā <u>Yīngguó</u> fànguǎnr, zhèi jiā fànguǎnr de niúròu hěn yǒumíng. Wǒ zhī.dào <u>Gāo Míngliàng</u> zuì ài chī niúròu le, wǒ duì <u>Gāo Míngliàng</u> shuō: "Wǒ qǐng nǐ chī niúròu zěnmeyàng?" <u>Gāo Míngliàng</u> shuō: "Dāngrán hǎo. Kěshì nǐ bú shì bú huì yòng dāo-chā ma?" "Wǒ bú huì yòng dāo-chā, wǒ huì yòng kuàizi." Wǒ shuō. <u>Gāo Míngliàng</u> shuō: "Bùxíng, zài <u>Yīngguó</u> fànguǎn chī niúròu yídìng yào yòng dāo-chā." "Hǎo ba. Wǒ gēn nǐ xué ba." Wǒ shuō.

Wǒ gēn tā yíkuàir shuōzhe huà chīfàn. Wǒ wèn tā wèishéme xué xiě máobǐzì, xiànzài hěn shǎo rén yòng máobǐ xiě zì le. Tā shuō, tā de nǚpéngyou shì <u>Zhōngguó</u> rén, tā de máobǐzì xiě de hěn hǎo. Tā měi tiān dōu kànzhe tā xiě máobǐzì, mànman de tā yě xuéhuì xiě máobǐzì le. Tā wèn wǒ: "Nà, nǐ ne? " Wǒ shuō: "Wǒ xǐhuan <u>Zhōngguó</u> huàr, wǒ xiǎng xué huà <u>Zhōngguó</u> huàr. Huà <u>Zhōngguó</u> huàr jiù děi xué xiě máobǐzì."

Identify whether the following statements are true (duì) or false (bú duì), based on the information in the passage.

a. Gāo Míngliàng qǐng wǒ dào Zhōngguó fànguǎn chīfàn.　　　(duì) (bú duì)

b. Gāo Míngliàng yǐqián bù huì xiě hànzì.　　　(duì) (bú duì)

c. Gāo Míngliàng bù xǐhuan chī niúròu.　　　(duì) (bú duì)

d. Gāo Míngliàng de nǚpéngyou shì Fǎguó rén.　　　(duì) (bú duì)

e. Wǒ xué xiě máobǐzì yīn.wèi wǒ xiǎng xué huà Zhōngguó huàr.　(duì) (bú duì)

Answer the following questions in Chinese based on the information in the passage provided. All answers should be in your own words.

a. Gāo Míngliàng yǐqián huì xiě hànzì ma? Xiànzài ne?

_____

b. Wǒ xiǎng qǐng Gāo Míngliàng qù nǎr chīfàn?

_____

c. Wǒ huì yòng dāo-chā ma?

_____

d. Wǒ wèishéme xué xiě máobǐzì?

_____

[2].

Nǐ zhī.dào **Kǒng Róng** (a descendant of Confucius) shì shéi ma? Kǒng Róng shì Zhōngguó yī wèi hěn yǒumíng de rén. Tīngshuō tā xiǎo de shíhou jiù hěn cōngming. Tā shí suì nèi nián gēnzhe bàba dào chénglǐ qù wánr. Tā zhī.dào chénglǐ yǒu yī wèi **Lǐ** (Lǐ, surname) xiānsheng hěn yǒumíng, yě hěn máng. Chúle yǒumíng de rén hé rènshi tā de rén yǐwài, tā shéi dōubú jiàn. Kǒng Róng hěn xiǎng rènshi zhèi wèi yǒumíng de Lǐ xiānsheng.

　　Yǒu yī tiān, tā yíge rén qù zhǎo Lǐ xiānsheng. Lǐ xiānsheng kànjiàn lái de shì yīge xiǎohái jiù wèn: "Wǒ bù rènshi nǐ, nǐ gēn wǒ shì shénme guānxi?" Kǒng Róng shuō: "Wǒ xìng **Kǒng** (Kǒng, surname), nǐ xìng Lǐ. **Lǎozi** (founder of Daoism) xìng Lǐ, **Kǒngzǐ** (Confucius) xìng Kǒng, Kǒngzǐ shì Lǎozi de xuésheng."

　　Lǐ xiānsheng de hěn duō péngyou tīngshuōle zhèige gùshì yǐhòu dōu shuō Kǒng Róng hěn cōngming. Kěshì Lǐ xiānsheng de yī wèi xìng **Chén** (Chén, surname) de péngyou shuō: "Xiǎo shí liǎoliǎo dà wèi bì jiā." Zhèi jù huà de yìsi shì shuō: "Xiǎo de shíhou hěn cōngming de háizi, dà le zuò shì bù yídìng huì zuò de hěn hǎo." Kǒng Róng tīngle Chén xiānsheng de huà yǐhòu jiù shuō: "Wǒ xiǎng nín xiǎo de shíhou, yídìng hěn cōngming ba." Nǐ shuō Kǒng Róng shì bu shì hěn cōngming?

Answer the following questions in Chinese based on the information in the passage provided. All answers should be in your own words.

a. Kǒng Róng xiǎo shíhou cōngming ma?

_____

b. Kǒngzǐ hé Lǎozi shì shénme guānxi?

_____

c. "Xiǎo shí liǎoliǎo, dà wèi bì jiā" shì shénme yìsi?

_____

[3].

Wáng Dàwéi shì wǒ de hǎo péngyou. Tā yǐqián zài Běijīng Dàxué niàn shū, xiànzài zài Měiguó gōngzuò. Wǒmen shì wǔ nián qián zài Běijīng rènshi de. Tā lái Měiguó yǐhòu chángcháng gěi wǒ dǎ diànhuà, jiào wǒ yǒu kòngr qù tā jiā wánr. Kěshì wǒ hěn máng, suǒyǐ dào xiànzài hái méi qùguo tā jiā.

Shí'èryuè shíwǔ hào, Xīngqīliù, shì tā de shēngrì, tā yào wǒ qù tā jiā gēn tā yíkuàir guò shēngrì. Tā hái shuō tā mèimei liǎng tiān qián cóng Běijīng lái le. Wǒ hěn xiǎng jiànjian tā mèimei, yě hěn xiǎng gēn tā yíkuàir guò shēngrì, suǒyǐ wǒ gàosu tā wǒ yídìng huì qù.

Dàwéi xǐhuan kàn shū, yě xǐhuan kàn zázhì, tèbié xǐhuan kàn Yīngwén xiǎoshuō. Wǒ xiǎng wǒ jiù mǎi yì běn Yīngwén xiǎoshuō hé yì běn qìchē zázhì sònggěi tā ba.

Xīngqīliù zǎoshang, wǒ bā diǎn jiù qǐ chuáng, hēle yì bēi kāfēi, chīle yìdiǎnr dōngxi jiù dàizhe xiǎoshuō hé zázhì qù Dàwéi de jiā. Yīn.wèi shì Xīngqīliù zǎoshang, suǒyǐ lù shàng de chē bù duō. Wǒ kāi chē kāi de hěn kuài, sānshí fēn zhōng yǐhòu jiù dàole Dàwéi de jiā.

Qùnián Dàwéi zài chénglǐ mǎile yíge gōngyù, gōngyù jiù zài dàxué fùjìn. Tā shàng bān búbì kāi chē, mǎi dōngxi yě hěn fāngbiàn. Duìmiàn hái yǒu yíge hěn dà de túshūguǎn. Tā de gōngyù bú tài dà, kěshì hěn shūfu, yǒu liǎng ge wòshì, yíge kètīng hé yíge chúfáng. Tā de gōngyù zài liù lóu, kěyǐ zuò diàntī shàngqu, yě kěyǐ zǒu lóutī shàngqu.

Dàwéi jiàndào wǒ de shíhou hěn gāoxìng, shuō hěn jiǔ méiyǒu kànjian wǒ le. Tā shuō wǒ yòu pàng le. Wǒ duì tā shuō: "Shēngrì kuài lè! Zhè shì sònggěi nǐ de lǐwù, xīwàng nǐ huì xǐhuan." Tā shuō: "Xièxie. Nǐ tài kèqi le." Tā gěi wǒ jièshào tā de mèimei Xiǎoměi. Xiǎoměi shì Běijīng Dàxué de xuésheng, tā hěn cōngming yě hěn piàoliang. Tā shuō Yīngwén shuō de hěn hǎo, tā hái huì shuō Fǎguó huà ne.

Dàwéi hé tā de mèimei zhǔnbèile hěn duō hǎochī de dōngxi. Dàwéi zuòle niúròu chǎofàn hé chǎo báicài, tā mèimei zuòle jǐge Běijīng xiǎochī hé tèbié hǎohē de Fǎguó tāng. Dàwéi hái mǎile píjiǔ hé Kěkǒu Kělè. Wǒmen chīzhe dōngxi liáotiān yìzhí dào bànyè. Dàwéi duì wǒ shuō: "Jīntiān tài wǎn le, nǐ jiù zhù zài wǒ jiā ba."

   Wǒmen liáotiān yìzhí liáodào chàbuduō sān diǎn. <u>Dàwéi</u> shuō láile <u>Měiguó</u> yǐjīng yī nián le, měi tiān búshì shàng bān, jiùshì kàn diànshì, jīntiān néng gēn hǎo péngyou yíkuàir liáotiān chīfàn, zhēn shì tài gāoxìng le.

Answer the following questions in Chinese based on the information in the passage provided. All answers should be in your own words.

a. <u>Wáng Dàwéi</u> xiànzài zài nǎr gōngzuò?

_____

b. <u>Wáng Dàwéi</u> de shēngrì shì nǎ yī tiān?

_____

c. Wǒ qùguo <u>Dàwéi</u> de jiā ma? Wèishéme?

_____

d. <u>Dàwéi</u> de gōngyù zài jǐ lóu? Yígòng yǒu jǐ ge wòshì?

_____

e. <u>Dàwéi</u> de mèimei jiào shénme míngzi? Tā xiànzài zuò shénme?

_____

f. Wèishéme <u>Dàwéi</u> shuō nèi tiān shì tā zuì gāoxìng de yī tiān?

_____